아들을
군대에 보내다

아들을 군대에 보내다

초판 1쇄 발행 2022년 9월 20일

지은이 진동식
펴낸이 장길수
펴낸곳 지식과감성#
출판등록 제2012-000081호

교정 서은영
디자인 김찬휘
편집 김찬휘
검수 이혜지, 이현
마케팅 고은빛, 정연우

주소 서울시 금천구 빛꽃로298 대륭포스트타워6차 1212호
전화 070-4651-3730~4
팩스 070-4325-7006
이메일 ksbookup@naver.com
홈페이지 www.knsbookup.com

ISBN 979-11-392-0656-2(03810)
값 15,000원

- 이 책의 판권은 지은이에게 있습니다.
- 이 책 내용의 전부 또는 일부를 재사용하려면 반드시 지은이의 서면 동의를 받아야 합니다.
- 잘못된 책은 구입하신 곳에서 바꾸어 드립니다.

지식과감성#
홈페이지 바로가기

아들을 군대에 보내다

진동식 지음

'아들 옷이 소포로 오고 아들로부터
 편지와 전화가 옴에 따라 조금은 안심을 하게 된다'

목차

글을 시작하며 • 8

1. 육군훈련소 훈련병이 되다

육군훈련소에 입대를 하다 • 12

입대한 지 3일이 지나다 • 15

육군훈련소에서 온 박스우편물 • 18

국방부 '더 캠프' 앱을 통해 훈련소로 보내는 위문편지 • 23

후반기 교육으로 화**병 교육을 받게 되다 • 40

2. 무사히 자대에 안착(배치)

강원도 인제에 안착을 하다 • 46

군에서 온 콜렉트콜 전화 • 53

아들의 군복무 중에 설을 앞두고 • 54

3. 아들과 나눈 편지

139번 훈련병으로부터 • 58

2021년 말과 2022년 초에 쓴 편지 • 71

강원도 인제에서 온 메일 • 73

4. 강원도 인제에서 늠름한 군인으로

강원도 인제에서 멋진 군인이 된 아들 • 84

군에서 아들로부터 온 카카오톡 • 86

면회만큼이나 반가운 아들의 전화 • 87

군에서의 제설 작업 • 89

강원도에서 발생한 산불로 인해 출동을 하다 • 92

비 오는 날과 훈련 • 94

화**대대 '밴드'에서 온 연락 • 97

화**대대 *중대 밴드에서 아들의 소식을 • 101

군 생활 잘하고 있으리라 생각은 하지만 • 106

어머니 아버지 잘 키워 주셔서 감사합니다 • 109

극한 체험을 두꺼비와 함께 • 111

5. 군 생활의 오아시스, 휴가와 면회

군대에 간 아들의 첫 휴가 • 118

추석 한가위를 아들과 함께 • 123

아들이 귀대하는 날 • 125

아들과의 군 면회를 기대하면서 • 128

예정된 면회일에 파견이 결정되다 • 130

기대를 품고 인제로 첫 면회를 가다 · 131

인제에서 두 번째 면회 기대 · 134

인제로 두 번째 면회를 가다 · 137

아들로부터 반가운 카카오톡이 · 146

아들이 두 번째 휴가를 나오다 · 148

아들이 부대에 복귀한 다음 날의 허전함 · 155

휴가를 신청했다고 카카오톡으로 연락이 · 157

여름을 앞두고 면회 신청 · 159

여름의 초입 아들의 면회 · 162

아들이 세 번째 휴가를 나오다 · 165

6. 코로나 19 속에서의 군 생활

코로나 19 시국에서의 부대 복귀 · 174

군에서의 자가 격리 · 175

군 내부에서 발생한 확진자 · 178

코로나 19가 속히 종식되길 · 180

확진이 되었어요 · 182

격리 중인 아들 · 185

군에서의 격리 생활 · 189

7. 군복무 중인 아들을 생각하면서

군인의 봉급 • 206

아들이 군 장병 적금에 가입을 하다 • 207

건강한 나라에서 아들이 살 수 있도록 • 210

다가오는 봄의 다른 느낌 • 212

비가 온 다음 날 새싹과 아들 생각 • 215

양초의 희생과 국방의 의무 • 217

아들과 함께 관리기 사용하는 날을 기다리며 • 220

나무를 심으면서 아들의 혹한기 훈련을 생각하다 • 223

눈에 보이는 것과 보이지 않는 것의 차이 • 225

북한에서 쏘아올린 ICBM을 보면서 • 228

핸드폰과 군 생활 • 230

봄의 시작점에서의 군인 아들 생각 • 234

아들은 전화를 하였는데 • 236

아들의 알찬 속을 발견하다 • 239

강원도 양구 산불과 핸드폰 고장 • 241

3주 만에 걸려 온 아들의 전화 • 243

은행을 까면서 제대 날짜가 당겨지기를 • 245

글을 마무리하며 • 248

글을 시작하며

아들은 2021년 4월 26일 입대를 하게 된다. 한 번도 가 보지 않은 낯설고 먼 곳으로 가게 된다. 물리적인 거리보다는 전혀 다른 환경에서 지내야 하는 것이어서 때로는 긴장도 되고 때로는 국방의 의무가 무엇인가를 심각하게 고민도 할 것이다. 육군훈련소에 아들을 들여보내는 부모도 낯선 경험이다. 예전의 군복무를 생각하면 변화가 많이 되었겠지만 변화된 환경 속에서 아들이 잘 견딜 수 있을까 걱정이 되는 것은 사실이다.

아들이 입대를 하고 아들을 생각하면서 '글을 시작하며'를 쓰는 지금은 아들이 입대를 한 지 8개월이 지나고 있는 즈음이다. 18개월 중 1년이 채 남지 않았다. 입대를 하였고 몸이 약하여 걱정이 앞서고 안부가 항상 궁금하다. 훈련소 시절 때부터 건강하게 제대하기를 바라는 마음으로 기도를 하고 있다. 군엘 간다는 것은 국방의 의무이기는 하지만 부모의 마음은 늘 걱정이 되고 마음을 졸인다. 입대를 한 후 아들이 지내던 방은 그대로인데 아들이 있던 그 자리는 아들이 있어야 하는데 아들의 흔적만 있어 약 10일 정도는 허전한 마음이 계속된다.

아들 옷이 소포로 오고 아들로부터 편지와 전화가 옴에 따라 조금은 안심을 하게 된다. 가끔 몸이 약해 힘들어하는 전화 목소리를 들을 땐 마음이 짠해진다. 지난 추석 때 휴가를 나와서 건강해진 모습에 안심이 되기도 한다. 다시 군에 복귀를 하고 가끔 전화가 오지만 건강하게 잘 지내기를 바라는 마음은 여전하다. 군에서 만든 '수호신'이라는 밴드에 아들 사진이 올라오고 외출 때 찍은 사진이 올라온다. 대견하게 변한 모습을 보면 흐뭇하다.

 이제 민간인의 모습보다는 제법 군인의 모습이 어울리는 순간인 것 같다. 다른 동료들과 같이 찍은 사진 속의 아들은 군인이 되어 가는 중이다. 봄에 입대를 하여 여름이 되고 가을을 거치면서 이제 겨울 속으로 들어간다. 다가오는 봄에는 계절이 두 번만 더 바뀌면 제대의 계절이 다가올 것이다. 우리나라는 국방의 의무로 인해 군엘 가게 되지만 군 생활로 인해 타인을 배려하면서 성장하고 공동체 생활에 익숙해지며 한결 더 성숙한 아들이 되어 돌아오기를 기대해 본다. 이렇게 긴 시간을 부모와 떨어져서 생활하는 것은 처음이라 무척이나 힘들 때도 있겠지만 타인과 생활하면서 생각의 깊이가 더 깊어질 것으로 기대해 본다. 때로는 동료 군인들과 같은 운명으로 동병상련이라는 말과 같이 서로에게 의지를 하면서 힘든 시간들을 녹여 내고 있을지도 모른다.

 아들이 군 생활 하는 동안 잘 지내고 무사히 제대하길 바라는 간절한 마음으로 그동안 아들에게 보낸 위문편지와 아들에게서 받은 편지 등을 정리하면서 아들의 안녕을 기원하고 아울러 아들을 군대에 보내는 이 땅의 모든 부모님들과 같은 마음으로 공감을 하고 한편으론 위로가 되기를 기대하면서 〈아들을 군대에 보내다〉 이야기를 시작하고자 한다.

1 육군훈련소 훈련병이 되다

육군훈련소에 입대를 하다

　2021년 3월 3일 서울지방병무청으로부터 (육군 현역병) 입영 통지서가 온다. 성명, 생년월일, 주소가 아들의 것이 정확하게 맞다. 입영부대는 육군훈련소 입영심사대, 모이는 장소는 충청남도 논산시 연무읍 **대로 육군훈련소 입영심사대로 기록되어 있다.

　통지서 아래의 유의 사항에는 반드시 입영을 해야 하며 입영 여비에 대한 사항이 적혀 있고 입영 대상자가 알아야 할 사항에는 입영 시 준비물에 대한 내용 즉 '입영 통지서', '주민등록증', '나라사랑카드', '간단한 비상약품', '1~2만 원 내외의 소액 현금', '평소 착용하던 안경'을 준비하며 입영 시 스포츠형으로 머리를 단정하게 하고 복장은 간소복으로 착용을 권유하고 입영 전에 재학생의 경우에는 군 입영 휴학 처리를 하고 핸드폰 해지 또는 정지할 것이 기록되어 있고 참조로 군 생활에 필요한 물품은 입영 부대에서 지급하기 때문에 부대 주변에서 세면 가방, 군번줄, 고무줄, 바느질 세트, 전투화, 깔창, 손톱깎이 등을 구입할 필요가 없고 만약 사제품을 구입할 시에는 입영 부대에서 회수하여 가정으로 다시 돌려보낸다고 한다.

　특히 부대 주변 상인들을 통한 구매 현혹에 주의를 하라고 한다. 평소에는 시간이 느리게 가던 날들이 입영 통지서를 받고 나서부터는 왜 이리 빨리 하루하루가 지나가는지….

아들이 입대를 하는 날 점심 식사는 어떻게 할지, 아내는 고민을 한다. 논산까지 차량으로 이동을 할 텐데 부대 주위에 적당한 식당이 있을지, 도시락을 싸 가지고 가면 적당히 먹을 곳이 있을지 아는 정보가 없다.

마침 장인어른과 장모님도 같이 가시겠다고 하신다. 몸이 불편하신데 먼 거리를 동행하시겠다고 하시니 고맙다. 부대 주변 식당 정보가 없는 상태에서 도시락을 싸서 가지고 가기로 아내는 결정한다. 가락시장 내에 그릇 도매 가게에 간다. 약간은 고급스러운 도시락을 7개 구입한다. 며칠 전부터 반찬을 준비하고 전날 밤에 도시락을 완성하여 도시락 한 개씩 정성스럽게 보자기로 싼다. 드디어 2021년 4월 26일이 되었다. 오후 2시까지 입영을 해야 하기에 아내와 아들, 딸들 모두 차에 동승을 하고 아침 7시 집에서 나선다.

차량은 장인어른과 장모님을 모시기 위해 처가로 향한다. 미리 출발할 채비를 하시고 계신다. 내비게이션에 육군훈련소라고 검색을 하고 출발을 한다. 검색한 장소를 자세히 보지 않고, 연무대 육군훈련소를 누르게 된다. 차량은 평택을 지나 천안과 공주를 지나 연무인터체인지를 지나 목적지를 확인하고 도시락 먹을 장소를 물색한다. 마침 훈련소 맞은편에 논산훈련소 문화체험공원이 있다. 주차할 장소도 적당하고 훈련소도 확인하였으니 여기서 점심을 먹기로 한다. 공원이라 야외테이블도 적당하여 도시락을 풀기 시작한다. 고급스러운 도시락에는 계란말이, 떡 등 여러 가지 반찬들이 담겨 있다. 아내가 정성스럽게 준비를 한 것이다. 인원이 7명이라 테이블을 2개로 하여 식사를 한다. 마침 옆 테이블에도 입대를 앞둔 머리를 짧게 깎은 청년이 보인다.

식사를 마치고 사진을 찍으며 시간을 보낸다. 훈련소 위치를 확인하고자 1시경에 훈련소 앞으로 간다. 약 소요 시간이 5분 정도 걸리는 듯했다. 공원 주변에서 산책을 한다. 드디어 1시 30분이 되어 짐을 챙기고 훈련소로 향한다. 횡단보도를 건너고 훈련소로 향하는데 머리를 짧게 깎은 사람들이 반대 방향으로 가고 있다. 이상하다고 생각하고 부대 앞으로 가니 여기가 아니라고 한다. 입영 시간은 약 20분 정도 전이다. 우리 이외에도 입영장소가 연무대 육군훈련소로 알고 온 차량들이 계속 훈련소에 접근을 하더니 이내 차량을 돌린다. 입영심사대로 가는 차량이 많이 보여서 여기서부터 걸어가기로 한다. 장모님은 다리가 불편하시어 주차한 차량에 계시게 하고 장인어른은 같이 가시겠다고 하신다. 걷는 시간은 약 20분이 소요가 되고 입영심사대에 다다르자 거의 2시가 되었다.

  아들은 석별의 아픔을 뒤로 하고 바로 입영심사대로 들어간다. 헌병으로 보이는 군인들은 연신 예비 군인들이 속히 부대 내로 들어가고 부모님은 외부에서 배웅을 하도록 권유한다. 입영장소엘 씩씩하게 들어가는 아들의 뒷모습을 물끄러미 바라본다. 여유 있게 들여보내기 위해 아침 일찍 준비를 하였는데 내비게이션 검색을 연무대 육군훈련소로 하는 바람에 서두르게 되었다. 늦지는 않아 다행이다. 연무대 육군훈련소와 육군훈련소 입영심사대가 다른 곳인 줄은 몰랐던 것이다. 추후에 누군가 묻는다면 '육군훈련소 입영장소 입영심사대'라고 확실하게 얘기를 해 주고 싶다. 이렇게 하여 아들은 입대를 한 것이다. 맑은 날에 아들의 군 생활 18개월이 시작된 것이다.

입대한 지 3일이 지나다

아들이 입대한 지 3일째다. 잘 지내고 있는지 궁금하다. 아들은 어릴 때부터 몸이 약하여 걱정이 된다. 입대 시에 핸드폰은 집에 놓고 간다. 잘 지내고 있는지 핸드폰도 없으니 너무 궁금하다. 사실 아들에게 입대에 대해 신경을 쓰지 못했고 매일매일 무덤덤하게 보낸다. 아들이 입대한 날은 피곤하여 별 느낌이 없이 그냥 잠을 자게 된다. 하지만 다음 날 아침 아들의 공백이 너무 큼을 느낀다. 방에서 누워 있는 모습, 아침에 일어나서 기척을 하는 모습, 내가 일을 하러 갈 때 옷을 갈아입기 위해 노크하고 방에 들어가서 본 아들의 모습, 그리고 어느 날엔 내가 일터로 갈 때 같이 동행한 적이 있는데 그때 같이 걸어가던 모습, 외가에서 강아지 산책시키는 모습, 입대일 훈련소 근처에서 같이 밥을 먹던 모습, 아들이 많이 보고 싶다. 가슴이 아리도록 보고 싶다. 아들의 대학교 시절 일요일이 되면 대학 기숙사에 가게 될 때에는 집 뒤 발코니에서 아들의 모습이 보이지 않을 때까지 서서 바라보곤 하였는데 그때와는 또 다른 느낌이다.

잘하리라 믿지만 아들이 간 곳은 군이라 걱정이 되는 것은 사실이다. 이제 2일이 지났고 아직 545일이 남았다. 아직은 군인이 되기 전 대기 중이라 한편으로 신체 검사를 받고 집으로 돌아오기를 바라는 마음도 가져 본다. 군 생활 동안의 시간이 의미가 있겠지만 '혹시나 아들이 돌아올 수도 있겠다'라는 기대를 가지고 기다려 본다. 핸드폰을 통하여 '더 캠프'라는 앱을 깔고 육군훈련소 관련 유튜브를 보고 있다. 집에 있는 동안 온통 아들 생각이 난다. 믿고 지내자. 아들이니까 잘 견딜 것이라 생각한다.

　모두 모두 잘 견디자. 군 생활은 아들에게 도움이 되는 경험이 될 거라 믿는다. 검은 반팔에 검은 긴바지를 입고 갈색 가방을 메고 입대하는 아들의 모습이 눈에 선하다. 보급품은 받았는지 궁금하다. 코로나 19로 인해 훈련소 내에서 2주간 자가 격리를 한다고 하고, 3주간 훈련을 받는다고 한다. 코로나 19로 인해 입영식을 하지 않고, 수료식도 하지 않는다고 한다. 원래는 훈련소의 수료식을 마치면 면회가 가능하다고 하는데 수료식을 하지 않는다고 하니 아쉽다. 면회는 언제쯤 가능할까?

　다음 주 화요일 즈음 군에서 메시지가 올 거라 생각하지만 마음속으로나마 아들이 보고 싶어서 아들에게 속삭여 본다. '아들이 많이많이 보고 싶은데 아버지가 기다리마. 건강한 모습으로 다시 만날 날을 기다리마. 잘 지내거라. 아들이 입대한 지 오래된 것 같은데 아직 일주일도 지나지 않았구나. 잘 지내는지 많이 궁금하다. 처음 경험하는 일이 많을 텐데 음식은 잘 나오는지 잠자리는 어떤지 궁금하다.'
　입대를 한 다음 주 화요일이 되어야 아들의 사진을 볼 수 있다고 육군훈련소에서 공지하는데 하루에도 몇 번씩 해당 화면을 열어 보게 된다. 집에 있으면 아들이 많이 생각나서 아침 일찍 일터로 간다. 어쩌면 아버지인 내가 군에 간 것 같은 느낌이다. 주위의 동료와 잘 지내고 무사히 무탈하고 건강하게 지내길 바란다.

아들이 입대한 지 오래된 것 같은데 아직 며칠이 지나지 않았지만 잘 지내는지 많이 궁금하다. 낯선 곳에서의 단체 생활은 처음일 것이고 음식과 잠자리는 어떤지 궁금하다. 같이 지내는 동료들이 어떤지도 궁금하다.

다양한 사람이 모이는 군이기에 무슨 일이 있는지 모든 것이 궁금하다. 내일은 아들에게 편지를 보낼 수 있다고 하는데 기다려진다. '더 캠프'라는 앱을 열어 보니 제대일이 540일이 남았다고 한다. 혹시 추가 건강 검진을 받고 집으로 돌아올지도 모른다는 기대도 해 본다. 아무래도 건강이 걱정된다. 아들은 어릴 때부터 몸이 약하였는데 대학생이 될 때까지 잘 견뎌 왔고 건강한 또래 친구들보다는 생각이 깊게 성장하였다. 어떠한 상황이라도 잘 헤쳐나갈 것이라 믿는다. 먼 훗날 웃으며 그때가 힘들었다고 얘기할 날이 오리라 믿는다.

입대를 한 다음 주 토요일과 일요일에 아들의 전화 목소리를 듣게 되고 '앱'에 올라온 사진을 보니 안심이 된다. 사회 생활과는 전혀 다른 환경에서 적응을 잘하고 있는 것으로 보인다. 하지만 군이라는 특수한 곳이라 한편으로 늘 걱정이 되기도 한다. 이제 입대했는데 제대를 생각하기가 이르기는 하지만 내년 10월 25일이 제대 날이다. 하루하루 무사하기를 기도한다.

육군훈련소에서 온 박스우편물

아들이 입대를 한 2021.4.26. 육군훈련소에서 문자가 온다.

-육군훈련소에서 알려 드립니다.
코로나 19 확산이 우려되오니 주차장에서 환송 후 입영 장정만 입영하시기 바랍니다.-

2021.5.10. 월요일
육군훈련소에서 훈련병 배치에 관한 문자가 온다.

-훈련병은 **연대 **중대 *소대 139번으로 배치되었습니다.-

아들이 입영을 하고 며칠 후 아들의 편지와 함께 입고 갔던 옷과 운동화 및 가방이 우편물로 온다. 아들은 정말로 입영을 한 것이 맞는 것 같다. 혹시나 편지가 있을까 우편물 박스 속을 들여다본다. 아들이 작성한 편지가 있다.

엄마, 아빠, 누나 안녕
저의 걱정은 하지 않아도 돼요. 잘 지내고 있어요. 같은 방을 사용하는 동료들도 전부 친구처럼 많이 친해졌어요. 좋은 친구들이 많아요.
지금 2주간은 격리 기간이어서 화장실 갈 때 말고는 하루 종일 앉아 지내는 중이에요. 조금은 힘들지만….

어차피 지나갈 시간들이라 앉아 있는 동안 훈련 영상 교육을 받거나 가지고 온 책을 읽고 친구들한테도 빌려주고 하면서 그렇게 지내요. 여기서 할 수 있는 것들을 열심히 하고 있어요. 3주간은 훈련받고 2주간은 후반기 교육(특기)받고 그 다음에 자대로 간다고 해요.

그동안 다들 잘 지내요. 외할아버지와 외할머니께도 안부 전해 주세요, 잘 지내고 있다고.

많이 성장해서 갈게요. 그때 봐요.

다음엔 편지지에 써서 또 안부 전할게요. 부대에서 곧 지급을 한다고 해요.

-**연대 *교육대 *중대 *소대 *분대 139번 훈련병 ***-

공책을 찢어서 편지를 썼는데 뒷면에 내용이 이어진다.

한 방에 16명씩 지내는데 2층 침대가 8개씩 있어요. 저의 자리는 1층이에요(그림을 그려서 아들이 지내는 현재의 자리를 표시한다).

제 옆이나 앞 친구 등 모두 서울에서 왔다고 해요. 서울 송파구에 사는 친구도 있고 양천구 목동에서 온 친구도 있어요. 제가 있는 교육대 내에 있는 조교 중에는 구룡초등학교와 개포고등학교를 나온 친구도 있었어요. 그 친구도 2000년생이에요. 그래서 편하긴 해요.

몇몇 거친 동료들도 있지만 그 동료들도 잘 달래서 책도 같이 읽고 운동도 같이 하자고 권유하고 있어요. 또 제가 운동할 때 푸쉬업을 하는데 친구들이 저보고 야무지다고 해요. ㅋㅋ.

조금 여리고 여성적인 부류, 조금 입이 거칠고 모터달린 동료들도 있는데 제가 이름을 물어보고 이야기를 듣기도 하고, 소외된 친구들과도 말 걸어 주고, 운동 좋아하는 친구들과는 방에서 푸쉬업을 같이 하고, 동료들한테 주식 관련해서 이야기해 주고 그렇게 두 부류의 친구들 모두 두루두루 잘 지내고 있어요. 몸 상태가 불편할 때는 많이 이기적이고 조용히 있지만, 좋아지면 또 완전 다르게 지내요.

저도 입대를 하기 전에는 걱정 많이 했는데 생각보다 잘 지내고 있어요. 지내면서 성격도 많이 바뀌고 마음도 많이 성장해서 갈게요. 걱정 안 해도 돼요.

군대에 아들을 보내고 마음 편한 부모가 어디 있겠는가? 입고 간 옷이 소포로 오고 편지가 오니 한편으로 짠하고 한편으로는 대견하다. 걱정을 하였는데 잘 지낸다니 다행이다. 힘들어도 부디 잘 견디길 바란다. 훈련을 무사히 마치길 바란다.

아들이 옷과 함께 부대장으로부터 아래와 같이 우편물을 동봉하여 보내어 한결 안심이 된다. 우편물에는 부대장의 사진도 같이 있어 믿음이 간다.

다음은 훈련소 안내 편지 내용이다.

부모님 안녕하십니까?
앞으로 6주간 귀댁의 소중한 아드님을 훈련 및 훈육을 담당하게 된 중대장 대위 ***입니다.
중대장으로서 부모님의 염려를 조금이라도 덜어 드리고자 지휘 서신을 보내 드립니다. 아드님이 건강하고 보람 있는 군복무를 할 수 있도록 잘 지도하겠습니다.

아드님에 대한 염려가 있으시거나 가정 내의 사정이 생겨 연락이 필요한 경우 보이스피싱 등 의심 전화를 수신 시, 부대일정에 관련된 문의 등은 훈련병과 가까이에서 생활하는 중·소대장에게 문의해 주시면 확인하여 답변드리겠습니다.

급한 용무로 부득이하게 전화 통화가 필요하신 경우에 한해서 전화 주시면 감사하겠고 일과시간(08:30~18:00) 중에는 훈련병들에게 훈련 및 지도로 전화를 받지 못하는 경우가 있습니다.

통화가 안 되실 경우에는 중대 행정반 또는 교육대 상황실로 연락 바랍니다.

많은 택배물량으로 업무량이 과다하며 분실우려가 높습니다. 택배는 꼭 필요한 경우가 아니면 지양해 주시기 바랍니다.

부대 내의 연락처가 있다.

중대장 010-****-****,
중대 행정반 041-***-****,
교육대 상황실 041-***-****.
주소 (330**) 충청남도 논산시 연무읍 **대로 ***길 사서함 **-**호 제 **교육연대 **중대 *소대 *분대 훈련병 홍길동
아드님의 건강하고 활기찬 군복무를 위해 노력하겠습니다.

제1소대장, 제2소대장, 제3소대장, 제4소대장의 전화번호가 기록되

어 있다.

훈련소 안내 참고사항
1. 편지는 보내는 이와 받는 이의 주소와 중대 교번까지 반드시 기재
* 배출일 기준 7일 전 우편물 발송 삼가(반송사례 과다)
2. 훈련 및 훈육 중 우수 훈련병 포상전화 기회부여
3. 사고나 건강 등을 빙자하여 모르는 사람이 금전을 요구하는 것은 보이스피싱이니 응하지 마시고 즉시 해당 소대장, 중대장에게 전화 주시어 확인해 주시고,
* 특이사항 발생 시 부모님께 먼저 전화드립니다.
4. 언론에서도 확인하셨겠지만, 코로나 19 바이러스 확산 예방을 위해 부모님을 모시고 실시하는 신병훈련 수료행사 및 면회는 미실시합니다.
* 단, 상황이 호전되어 수료행사 및 면회를 실시하게 되면 별도로 연락드리겠습니다.
5. 부대배치 결과는 6.1.(화) 13:00시부터 ARS 또는 육군본부 홈페이지에서 확인 가능합니다.
(1577-****, www.army.mil.kr)로 기록되어 있다.

육군훈련소 홈페이지에 들어가서 아래와 같은 조건으로 하여 검색을 해 본다.

2021.5.4.
입영일 2021.4.26. 교육연대 **중대 *소대 교번 139 생년월일

****** 훈련병 이름 홍길동 선택
편지쓰기, 교육연대 바로가기

핸드폰에 '더 캠프'라는 앱을 설치한다.
앱이 설치가 되고 앱 내의 카페에 가입 신청을 한다.
카페에 가입이 완료되었습니다.
제대 D-539(2022.10.25.)날짜를 검색해 본다.

아들이 2021.4.26.에 입대를 하게 되고 부대에서 부대장으로부터 문자가 온다. 아드님을 잘 훈육하겠다고 한다. 아들의 옷이 오게 되고 아들의 안녕을 말하고 있다. 군복무하는 기간이 한때의 일로 지나갈 수도 있지만 아들의 무사를 기원하며 기록을 하여 자료를 모으기 시작한다.

국방부 '더 캠프' 앱을 통해
훈련소로 보내는 위문편지

아들은 논산훈련소로 입대를 하게 되고 '더 캠프'라는 국방부 앱을 통해 아들에게 편지를 보낸다. 아들이 위로를 받고, 힘을 낼 수 있도록 매일매일 편지를 보낸다.
편지의 상단에는 '위문편지' 내용을 작성하고 하단에는 사진을 덧붙

인다. 위문편지라고 쓴 편지를 훈련소 내에서 출력하여 해당 훈련병에게 전달이 된다는 믿음으로 아들이 훈련소에 있는 동안 계속 편지를 작성하여 보낸다. 이 글에서는 보낸 편지 중에서 위문편지 내용만을 옮겨 본다. 흘려보내지 않고 모으는 이유는 아들의 무사를 위해서이다.

위문편지
2021.5.4. 11:54 아버지가
사랑하는 아들에게
보고 싶구나.
입대한 지 이제 1주일이 되었구나.
잘 먹는지? 잘 자는지? 모든 것이 궁금하구나.
늠름하게 훈련소로 들어가는 모습이 아른거리는구나.
아버지는 아들이 잘 견딜 것이라 믿는단다.
엄마와 누나도 '더 캠프' 앱에 가입하여 너에게 편지를 보내기로 했단다.

위문편지
2021.5.4. 13:00 아버지가
아들의 사진이 아직 육군훈련소 홈페이지에 올라오지 않는구나.
아들이 보고 싶은데 조금 더 기다려 봐야겠구나.

위문편지
2021.5.4. 13:15 아버지가
오리(아들이 좋아하는 인형)는 누나가 잘 관리하고 있단다.

위문편지

사랑하는 아들

안녕! 꿈에도 보고 싶은 사랑하는 아들!

밥 잘 먹고 있는지? 건강은 괜찮을까?

엄마는 아들이 잘 지내고 있는지 궁금하다.

어제 아들이 선물하고자 했던 원목침대를 외할머니와 외할아버지에게 보내 드렸어. 고맙다고 하시네.

우리 기특한 아들 잘 지내고 무탈하게 지내기를 바란다.

아들! 보고 싶다. 사랑해! 엄마가.

위문편지

2021.5.5. 13:50 아버지가

아들!

오늘은 어린이날이구나.

훈련소 생활은 어떤지 잘 지내는지 궁금하다.

오늘은 외할머니 댁에 왔단다. 고추를 심으신다고 하시는구나.

엄마하고 누나도 같이.

아들이 많이 보고 싶구나.

하루하루 건강하게 지내거라.

위문편지

2021.5.6. 09:10 아버지가

아들!

잘 잤니? 5월인데도 어제 저녁엔 제법 쌀쌀하더구나. 네가 있는 곳은 어떤지 모르겠구나!
　오늘도 파이팅하자!
　아들을 사랑하는 아버지로부터

　위문편지
　2021.5.7. 13:15 아버지가
　아들!
　잘 지내고 있니?
　오늘 오전에 아버지가 건강검진받았단다.
　오후엔 엄마랑 제기동에 가고 있단다.
　우족 등 먹을 것 몇 가질 살 건데 너도 같이 먹으면 좋을 텐데.
　날씨가 차다. 감기 조심하고···.

　위문편지
　2021.5.7. 17:30 아버지가
　아들! 네가 보낸 옷 박스 잘 받았단다.
　무엇보다 반가운 네 편지, 잘 지낸다니 다행이다.
　역시 아들이구나! 대견하다.
　동료들이랑 잘 지내고···.

　위문편지
　2021.5.8. 11:00 아버지가
　오늘은 어버이날이네.
　어제 누나가 카네이션 꽃을 사 왔구나.

아들의 마음도 받았단다.
하루하루 건강하게 잘 지내고….

위문편지
2021.5.8.
안녕
오늘은 2021년 5월 8일 어버이날이야.
어제 훈련소에서 아들의 옷 박스가 왔고
아들의 정성스러운 편지 잘 받았어.
작은누나가 외할머니에게 네가 잘 지내고 있다는 안부전화도 드리고~.
대견하네. 군부대에서 적응도 잘하고 있다는 소식이 반갑구나. 아버지는 너의 운동화를 세탁해 주시고 역시 아버지가 자상하셔.
그래, 건강 잘 챙기고 오늘 하루는 집에서 독서하기로 하였단다. 황사가 심해서. 신문에 난 기사를 보니 20대 젊은이들이 문경시에 있는 200년이 된 폐가를 리모델링하여서 '화수헌'이라는 카페를 만들어 단박에 핫플레이스로 만들었다고 하네.
너랑 나중에 가 보자.
늘 어디에서든 언제나
좋은 사람들과 좋은 인연 함께하기를 바라고
부처님의 가피가 함께하기를 기도하마.
오늘 저녁에는 봉은사에 가 볼 생각이야.
2021년 5월 8일 아들의 평안함을 기원하는 엄마가

위문편지

2021.5.10. 10:08 아버지가

아들!

잘 지내니?

오늘 네가 필요로 하는 로션 3개 우체국 택배로 누나가 보냈단다.

잘 사용하고 또 필요한 것 있으면 얘기하거라.

비가 오는데 밥 잘 먹고….

위문편지

2021.5.11. 16:10 아버지가

아들!

훈련소 생활 잘하고 있는지 궁금하구나.

훈련은 시작되었는지?

어제 누나가 우체국 택배로 보낸 물건은 우체국에서 훈련소로 갔다고 연락이 왔단다. 곧 전달받을 수 있겠다.

사용 잘 하고….

위문편지

2021.5.13. 19:50 아버지가

아들!

오늘은 어떤 훈련을 받았는지?

밥은 잘 먹는지 궁금하구나?

5월이지만 아침저녁에 쌀쌀하구나!

잘 지내길 바란다. 아버지가

위문편지

2021.5.14. 09:09 아버지가

아들!

오늘은 낮 기온이 30도까지 올라간다고 하네.

벌써 여름이 된 것 같구나.

하루하루 훈련을 받고 있을 아들을 그려 본단다.

오늘도 긍정의 힘으로….

위문편지

2021.5.15. 12:30 아버지가

아들!

네가 잘 지낸다니 다행이다.

오늘은 엄마랑 위례 트레이더스에 왔단다.

약간의 먹을 것을 사고 트레이더스의 옥상정원에 올라왔단다. 조경을 잘하여서 아들이 이 장소를 좋아할 것 같구나.

앞으로도 잘 지내거라.

의미 있는 군 생활이 되었으면 한다.

위문편지

2021.5.16. 아버지가

아들!

비가 오는 일요일이구나.

훈련소에서는 비 올 때 어떻게 보내니?

비타민과 장갑 등을 내일 월요일에 우체국에서

보낼 예정이란다.
잘 사용하고 더 필요한 것이 있으면 요청하렴.
잘 지내고….

위문편지
2021.5.17. 09:40 아버지가
아들! 오늘도 이슬비가 내리는구나.
잘 지내니?
오전에 누나가 우체국 택배로 비타민과 장갑 등을 보냈단다.
사용 잘하고 오늘도 파이팅^^.

위문편지
2021.5.18. 14:40 아버지가
아들!
잘 지내니?
오늘은 무슨 훈련을 받았는지 궁금하구나.
어제 네 편지 받고 무척 반가웠단다.
이제 곧 더워질 텐데 건강 조심하고….

위문편지
2021.5.18. 20:20 아버지가
아들!
오늘 네 사진을 보았단다.
늠름한 모습에 마음이 놓이는구나.

대견하다
잘 지내길 바란다….

위문편지
2021.5.19. 16:20 아버지가
아들!
오늘은 부처님 오신 날이구나.
쉬는 날인데 훈련소는 어떤지 모르겠구나.
사진 속 너의 모습이 늠름하더구나.
다음 주는 증조할머니 제사라서 오늘 경동시장에 다녀왔단다.
건강하게 잘 지내거라….

위문편지
2021.5.20. 20:00 아버지가
아들!
오늘 여기는 비가 조금 왔는데 아들이 있는 곳은 어떤지?
어떻게 지냈는지 궁금하구나.
5월인데도 약간은 쌀쌀하다.
건강하게 잘 지내길 바란다.
네가 사용하던 책상 사진을 보낸다.

위문편지
2021.5.21. 19:40 아버지가
아들!

잘 지내니?
오늘도 여긴 비가 오는데
아들이 훈련을 어떻게 받는지 궁금하구나.
아버지는 오늘 쉼터에서 옥수수도 심고 호박도 심었단다.
내일은 토요일이네.
아들로부터 전화받는 날이 기대되는구나….

위문편지
2021.5.22. 16:00 아버지가
아들!
오늘 네가 전화했구나.
너의 목소리가 편하게 들려서 다행이고 반가웠단다.
아버지는 우리 동네 회의에 다녀왔단다.
유산균은 월요일에 보내마.
잘 지내거라.

위문편지
2021.5.23. 13:25 아버지가
아들!
오늘 네 목소리를 들으니 반가웠다.
훈련이 힘들지? 잘 견디리라 믿는다.
유산균과 우산 보내마.
또 필요한 것 있으면 다음 전화할 때 얘기하거라.
잘 지내렴.

위문편지

2021.5.24. 08:50 아버지가

아들!

오늘은 월요일 한 주의 시작이구나.

요즈음 훈련받느라 힘들지?

같이 힘내자꾸나.

아자. 아자. 파이팅!

위문편지

2021.5.25. 14:20 아버지가

아들!

오늘은 비가 오는구나.

논산에도 비가 오는지 모르겠구나.

훈련 받느라 힘들지?

군대 훈련이 너한테 자양분이 되기를 바란단다.

잘 지내거라.

위문편지

2021.5.26. 05:50 아버지가

아들!

오늘은 날이 흐리구나.

훈련이 힘들 텐데,

너한테 아버지의 기운을 보내마.

힘내고 오늘도 파이팅하자.

잘 지내거라.

위문편지
2021.5.26. 11:50 아버지가
아들!
이제 곧 점심시간이구나.
요즈음 식사는 어떻게 나오는지 모르겠구나.
언론에서 군대의 식사에 대해 나오더구나.
힘들어도 잘 견디고 맛점하거라.

위문편지
2021.5.26. 20:20 아버지가
아들!
저녁은 먹었니?
시간상으로는 점호를 준비하고 있겠다.
아버지가 중앙대 행정대학원에서 금요일부터 공부를 하기로 했단다.
새로운 도전이란다.
같이 힘내자. 파이팅….

위문편지
2021.5.27. 10:30 아버지가
아들!
오늘 아침에는 비가 오는구나.
아침마다 등산을 하면서 아들 생각을 한단다.

훈련은 잘 받고 있는지
우편물은 잘 받았는지
요즈음 엄마가 구입한 고주파 기기로 저녁에 몸 온도를 높이고 있단다.
잘 지내거라.

위문편지
2021.5.29. 11:50 아버지가
아들!
훈련 받느라 수고가 많았다.
지금의 고생이 네가 살아가는 데 큰 자양분이 될 것으로 믿는단다.
어제는 중앙대 행정대학원 입학식을 하였단다. 표준고위과정이란다.
배움에는 끝이 없구나.
어제 증조할머니 제사였단다.
마음은 아들도….

위문편지
2021.5.29. 12:00 아버지가
아들!
오늘 너의 목소리를 들으니 반가웠고 듬직하구나.
힘든 훈련을 마쳤다니 수고가 많았다.
다음 주에 좋은 곳으로 배치가 되면 좋겠구나.
아들의 몸이 좋아졌다니 다행이다.
훈련소 수료할 때까지 몸조심….

위문편지

2021.5.31. 10:25 아버지가

아들!

오늘은 5월의 마지막이구나.

힘든 훈련을 마치고 훈련소 생활을 정리하고 있을 아들을 생각한단다.

어디를 가더라도 항상 건강에 유념하기를 바란다.

오늘도 파이팅….

위문편지

사랑하는 아들

오늘은 5월의 마지막 날 31일이네. 어제 너랑 통화하고 나니 마음이 편해지네. 오늘 새벽에 내리던 비는 멈추고 바람이 산들산들 분다. 네가 군에서 경험하고 있는 어려움이 너에게 공부가 되고 있겠지. 요즈음 큰누나도 공부하면서 힘들어하는 것 같아. 부모님이 대신 해 줄 수도 없고, 스스로 극복하면서 언젠간 우연의 점들이 선으로 연결되는 날이 오겠지. 작은누나에게 얼마 전 고마운 일이 있었지. 5월 28일 증조모님 제삿날에 퇴근 후 음식 장만하려고 일찍 왔는데 작은누나가 음식을 다 만들고 엄마 퇴근을 기다리고 있었지. 얼마나 고맙고 감사했는지 몰라. 이젠 삼남매가 성장해서 부모님의 든든한 후원자가 되었네.

아들! 가족이 소중하지?

우리 아들이 휴가 나오면 멋지고 알차게 보내자.

사랑하는 아들 5월의 마지막도 행복하자.

엄마는 네가 너무 좋아.

2021년 5월 31일 너의 멋진 성장을 지켜보고 있는 엄마가

위문편지

2021.6.1. 09:20 아버지가

아들!

오늘은 6월의 시작이구나.

힘든 훈련을 마치고 6월을 맞이하는 아들은

남다르겠구나. 아자! 아자!

만사를 열심히 하는 네가 자랑스럽구나.

훈련소 생활 마무리 잘하렴.

내일 좋은 소식이 왔으면 좋겠다.

위문편지

2021.6.1. 19:40 아버지가

아들! 네 목소리를 들으니 안심이 되는구나.

군에서 나오는 음식이 너의 몸에 맞지 않아 힘들 것 같구나.

많이 힘든 경우에는 윗분한테 얘기를 하거라.

방법을 찾아가는 것이 좋을 것 같아.

얘기를 하면 네게 도움을 줄 수 있으리라 본다.

건강이 최고란다.

위문편지

사랑하는 아들

오늘 목소리 너머로 네가 힘들어 보이네.

너의 아픈 것을 꼭 상관분들에게 이야기하거라.

숙면을 취하지 못하고,

음식 때문에 힘들다고.

음식이 주는 영향이 매우 큰데 너의 몸 상태가 안 좋으면 반드시 너를 담당하는 분에게 꼭 이야기하거라.

몸 상태가 좋은 군인들은 과자나 고기가 영향을 미치지 않지만 너에게는 힘든 음식이잖니?

무조건 참고 견디지 말고 꼭 이야기해 보렴.

나중에 몸 상태가 호전되지 않고 그러면 자대배치 후에도 힘들어진단다.

2021년 6월 1일 엄마가

위문편지
2021.6.2. 06:00 아버지가
아들!
오늘이 훈련소 마지막 날이구나
수고 많이 했다.
다음 갈 곳은 어딘지 궁금하다.
화**교육대는 전남 장성에 있던데
가까운 곳으로 가면 좋겠다.
불편한 사항은 꼭 윗선에 얘기해서 도움을 받거라.
아버지는 아들을 믿는단다.

위문편지
2021.6.2.
어제 꿈에 네가 보이더라. 고단하고 힘들겠지만

몸 관리 잘하렴. 과자 육류 섭취 절제하고

반드시 관리하는 분에게 너의 컨디션을 이야기하고 방법을 찾아보렴. 내일부터 훈련받는 장소가 어디인지는 꼭 알려 주고 너랑 서신 또는 전화 통화가 가능한지도 궁금하구나. 오늘도 밥 잘 먹고 있는지, 잠은 편하게 자는지 여러모로 마음이 쓰이네. 잘 지내고, 사랑하는 아들! 또 소식 전하마. 엄마가

부대장님에게 아들이 현재 힘들어하는 상황에 대해 문자를 보낸다. 부대에서 여러 가지 업무로 힘이 드는 것은 알지만 그래도 아들에게 조금이라도 더 신경을 써 달라는 의미로 보내 본다.

2021.6.2.
훈련병 건강
수고가 많으십니다.
훈련 중 장병이 건강에 이상이 있을 경우 어떤 경로를 통해서 조치를 할 수 있나요?
답변 기다립니다.

-답변
일과 후 분대장이나 소대장한테 보고하면 평일 매일 의무대에 갈 수 있음. 의무대에서 필요하면 훈련소 내 병원으로 보내니 아무 걱정 안 하셔도 될 듯합니다.

위문편지

2021.6.3. 05:30 아버지가

아들!

오늘은 네가 후반기 교육을 받으러 가는 날이구나.

가서도 주위 동료들과 잘 지내길 바란다.

혹시 허락이 된다면 전화 통화를 했으면 좋겠구나.

아버지는 아들의 무사를 기도할게.

오늘 편지가 네게 전달이 될지 모르겠구나.

'더 캠프'에 가입을 하고 1일 1편지를 쓰기로 하고 아들에게 '앱'을 통해 편지를 보낸다. 훈련소에서는 보낸 편지를 출력해서 훈련병에게 전달을 한다고 한다. 훈련을 받는 도중에 혹시 힘든 상황이 오면 부모님을 생각하면서 견뎌 내길 바라고, 항상 아들을 응원하고 있다는 메시지를 전달하고자 편지를 보내는 것이다. 현재 위문 편지를 보낼 수 있는 시스템을 구축해 준 군 관계자에게 고마움을 표시하고 싶다.

후반기 교육으로 화**병 교육을 받게 되다

아들의 경우는 군사특기가 기술행정병으로 지원을 하여 육군훈련소를 수료한 후 화**제독 교육을 받는다고 한다. 입대를 하고 훈련소 훈련을 마치고 후반기 교육을 전남 장성 상*대 화**학교에서 받고 있다. 전반기 훈련보다는 덜 힘들겠지만 그래도 군대라 힘든 면이 많이 있을 것이다. 화**대대가 어떤 곳인지 인터넷을 이용하여 정보를 얻는다.

인터넷 홈페이지의 사진상으로는 교육장소 내에 '아는 것이 힘이다'라는 글이 보이는데 아마도 공부를 많이 해야 하는 부대임을 직감한다. 어릴 때부터 몸에 힘든 상황이 있어 내심 안쓰럽기도 하다. 일단은 전화 통화를 해서 아들의 안녕을 확인했으니 다행으로 생각한다. 아들은 집이 많이 그리울 것이다. 하지만 집만 생각하면 군복무에서의 중심을 잃을 수 있다. 아들이 지금의 상황을 통하여 생각의 깊이를 넓혀가기를 바라고, 어려움을 스스로 극복하는 모습이길 바란다. 살아가면서 힘든 일이 많을 텐데 군에서의 이러한 경험이 앞으로의 사회생활에 많은 도움이 되기를 바란다. 이제 약 500일이 남았다. 군복무 기간의 10%도 지나지 않았다. 하지만 시작이 반이라 이제 반만 더 지나면 된다. 아무쪼록 잘 지내길 바라고 마음이 넓게 자라길 바란다. 아들이 입대한 지 30일이 넘어가고 있다.

토요일과 일요일에 아들의 목소리를 듣고 사진을 보니 안심이 된다. 하지만 군이라는 특수한 곳이라 한편으로 걱정이 되기도 한다. 사회생활과는 전혀 다른 환경에서 적응을 잘하고 있는 것으로 보인다. 이제 입대했는데 제대를 이야기하기는 아직 이르지만 내년 10월이면 제대를 한다. 하루하루 무사하기를 기도한다. 6월 3일 자대배치를 받는다고 하는데 부디 좋은 곳으로 가고 좋은 사람들과 만나기를 바란다.

아들의 군복무가 앞으로 살아가는 데 밑거름이 되었으면 한다. 아들로부터 가끔 콜렉트콜로 전화가 온다. 콜렉트콜로 통화를 하는데 반가운 아들 목소리를 확인할 수 있어서 좋다. 아들은 '그린비'라는 콜렉트콜을 이용하여 전화를 하는데 미리 핸드폰에 가입을 하여 기다리면 아들이 시간이 되는 경우 '그린비'를 통하여 전화가 온다. 아들이 전화를 하면 아들의 목소리를 확인하고 '1'번을 누르면 일정한 시간당 전화요금이 산정되는 시스템인데 훈련 중인 지금 아들은 핸드폰이 없는 상태에서 상당히 유용한 시스템인 것 같다. 부모 입장에서는 고맙다. 이를 통하여 아들의 목소리를 들을 수 있으니 위로와 안심이 된다.

군인과 관련된 카페가 있다. 가입을 한 카페는 고무신 카페(공신모임)와 군인 아들 부모님 카페(군화모)이다. 군에 간 아들의 안녕이 궁금하여 가입을 하였는데, 먼저 군에 간 경우와 나중에 군에 가는 아들을 둔 부모님들 간에 서로 정보를 주고받고 위로를 주고받는다. 카페를 통하여 언제쯤 후반기 교육이 끝나는지 언제쯤 자대에 안착을 하는지 정보를 얻게 된다. 후반기 교육 기간에는 외울 것이 많다고 한다. 화생방에 대한 기초지식을 외우고 때로는 실습도 한다고 한다. 아들과 원활하게 대화를 하고자 화생방병이 하는 일에 대해 공부를 하게 된다. 만약 전시에 화학전이 벌어지게 되면 다른 군인들의 안전을 위해 최초로 발생 장소로 가서 상황을 전하는 병과도 있고 화학물질이 발견하면 출동을 하여 화학물질을 제거하는 병과도 있는 것 같다.

이런 정보들은 네이버를 통하여 얻게 되고 여러 상황들은 카페를 통하여 알게 된다. 훈련병 시절에는 아들이 자대에 안착을 한 부모들이 얼마나 부러웠는지 모른다. 카페 내용을 보면 이제 입대를 하였거나 이제 자대에 배치를 받는 경우는 아들의 안녕이 무척이나 궁금하여 때로는 전전긍긍하여 조그마한 소식이라도 듣게 되면 무척이나 반가운데 병장 정도가 되면 병장 부모님이 카페에 글을 올리는 경우가 많은데 사회로 보면 20년 정도는 경험이 있는 사람들로 보이고 부럽기도 하다. 작성한 글을 보면 한결 여유가 있어 보인다. 그분들 입에서 나오는 말이 훈련병이나 이제 자대에 배치를 받는 군인의 부모에게 도움이 많이 되고 있다. 고마운 역할이고 서로 간 많은 위로가 된다. '다른 부모님들도 나와 같은 고민을 하는구나'라는 생각이 들고 '동변상련'이 되는 것이다. 카페를 통하여 정보를 찾는 동안 아들은 후반기 교육을 무사히 마치게 되고 자대배치 준비를 하게 된다.

2 무사히 자대에 안착(배치)

강원도 인제에 안착을 하다

후반기 교육을 마치게 되고 장병들은 앞으로 생활을 할 부대에 배치가 되는데, 군인 부모 관련 카페 내에서 부모님들은 배치보다는 안착이라는 용어를 사용한다. 아마 '안전하게 자대에 도착을 한다'라는 의미로 생각된다. 후반기 교육을 마치고 자대는 어디가 될지 궁금하다. 부모의 입장에서는 훈련이 힘들지 않고, 서울에서 멀지 않은 곳이면 좋겠다는 바람을 가져 본다.

후반기 교육을 마칠 즈음 아들에게서 전화가 온다. 서울 인근에 갈 수도 있고 강원도 인제에 가는 경우도 있다고 한다. 인터넷 카페 등에도 관련 자료를 찾게 되는데 화생방병으로 제대한 사람들이 적어 놓은 글을 보게 된다. 과거에 제대를 하여서 현재의 시스템에 대해서는 모른다고 하면서 몇 가지 팁을 알려 준다.

자대가 어디냐보다는 자대에서 얼마나 좋은 사람들과 만나는 것이 더 중요하다고 한다. 힘들고 편한 것은 그 차이가 사람에 따라 다르기 때문에 좋은 사람을 만나는 것이 제일 중요하다는 말에 금방 공감이 간다. 자대에 배치가 되는 날 온종일 어디로 갈지 궁금해서 일이 손에 잡히지 않는다. '저녁 즈음에는 전화가 오겠지.' 기대를 하였는데 전화는 오지 않는다. 이유가 뭔지 카페에 자료를 더 찾아본다.

당일 날에 전화가 오는 경우도 있지만 부대 사정이 여의치 않아 다음 날 또는 며칠 후에라도 전화가 오니 걱정을 하지 않아도 된다고 한다. 다행히도 다음 날 아들로부터 전화가 오게 되어 안심이다. 아들은 강원도 인제에 배치가 되었다고 하고, 여기에서 지내게 된다고 한다. 본격적으로 군복무를 하게 될 자대에 찾아간 것이다.

 아래는 자대 배치 시 부모들의 걱정을 들어 주는 내용으로 고무신 카페(공신모임)와 군인 아들 부모님 카페(군화모)의 글을 정리하였다. 이 자리를 빌어 카페를 개설하신 분과 정보를 제공해 주신 분에게 고마움을 표시하고 싶다.

 -자대 배치 후에 당일 연락이 없을 수도 있습니다.
 부모님들이 가장 애가 타고 궁금한 부분입니다.
 하지만 너무 걱정하지 않으셔도 됩니다.
 만약 문제가 생긴다면 군대에서 먼저 연락이 올 것입니다. 연락은 아들이 직접 할 수도 있고 간부님이 직접 전화하실 수도 있습니다.

 -궁금한 내용을 정리해 놓으시면 좋습니다.
 1. 핸드폰 등 필요물품을 보낼 부대 주소는 꼭 확인하여 주세요.
 2. 우체국 택배만 가능한지, 다른 택배도 가능한지 그리고 어느 택배가 더 빠른지도 확인할 수 있으면 좋습니다.

 -부대에 따라 간부님 전화가 없을 수도 있습니다.
 간부님의 전화는 간부님의 선택이니 전화가 없다고 걱정하지 않으셔도 됩니다. 만약 간부님으로부터 전화가 온다면 다음 사항들을 확인하시면 좋습니다.

1. 부대 주소 확인과 부대 내의 밴드나 카페 개설 유무
2. 아들이 부대에서 맡게 될 보직 확인
3. 꼭 전달하여야 할 아들의 건강상의 문제 등

부대 밴드나 카페가 없는 부대도 많고, 있어도 초대에 누락될 수도 있으니 처음에 확인해 두시면 편하실 겁니다. 밴드가 개설된 경우 부대의 사정에 따라 초대가 될 것입니다.
자대는 좋은 곳 나쁜 곳 및 힘든 곳이 따로 없습니다. 그저 우리 아들이 안착한 곳이 제일 좋은 곳이며 어떤 보직을 맡느냐도 중요하지만 어떤 간부님 및 선후임을 만나느냐가 더욱 중요합니다.

부모라면 누구나 마찬가지일 거라 봅니다. 모든 아들들이 무사하길 기원합니다.

아래는 아들이 자대에 안착을 한 후 아들이 있는 부대 내의 한 선임으로부터 온 문자 내용이다.

안녕하세요! 아드님이랑 같은 중대 선임인 이희*이라고 합니다! 다름이 아니라 아드님의 핸드폰 때문에 문자드립니다. 강원도 인제군 인제읍 인제로 1** ****부대 *중대 이병 아들 이름으로 핸드폰을 보내 주시면 될 것 같습니다. 우체국으로 보내면 배송이 매우 느리니 꼭 편의점 택배로 보내셔야 됩니다! 그럼 좋은 하루 보내세요.

안녕하세요 이희* 선임님

아들에게 도움을 주셔서 감사합니다. 앞으로도 잘 보살펴 주시길 바랍니다. 혹시 기회가 되시면 아들의 목소리가 듣고 싶은데 시간이 되실 때 전화 부탁을 드려도 될까요? 감사합니다.

아들 부대 선임이라고 하면서 문자가 온다. 아들의 안부가 궁금한 차에 문자가 와서 반갑다. 하지만 핸드폰을 보내라고 하니 간절한 부모의 마음을 악용한 보이스 피싱으로 오해를 하게 된다. 그런데 동일한 핸드폰 번호로 전화가 오고 아들의 목소리를 듣게 되어 아들의 선임이 아들에게 호의를 베풀어 준 것을 확인한 것이다. 오해가 풀려서 다행이다. 이 선임과 같이 동료분들 모두 건강하고 의미가 있는 군 생활이 되기를 바라며 아들보다는 제대가 빠를 것으로 생각하는데 사회에서도 잘 지내길 바랍니다. 이 자리를 빌어 아들에게 호의를 베풀어 준 이희* 선임에게 감사함을 전합니다.

아래는 아들 부대의 소대장님과 나눈 문자 내용이다.

안녕하세요. 소대장님
*중대 *소대 진**이병 아버지입니다.
바쁘실 텐데 어제 전화로 자대 안착의 소식을 전해 주셔서 감사드립니다.
아들 몸의 특수성으로 인해 식사 시에 밀가루 음식 등을 먹을 경우 몸에 반응이 나타나서 애로가 있습니다. 혹시 미숫가루 등을 보내려고 하는데 가능한지요?

강원도 인제군 인제읍 인제로 1**, ****부대 *중대 *소대 진** 이병 주소도 확인 부탁드립니다.

2021.6.25.
네, 안녕하세요? 미숫가루 보내셔도 괜찮습니다. 주소는 *중대 *소대로만 바꾸시면 될 것 같습니다.

아들이 안착한 부대장에게 문자로 궁금한 사항을 얘기하고 답변을 받는다. 내용도 중요하지만 아들의 안녕을 확인할 수 있어 다행이다. 이제 어느 정도는 안심이 되니 답변을 주신 소대장님께 감사를 드립니다.

부대에서 다른 간부님으로부터 문자가 온다.

2021.6.30.
이번에 진** 이병이 전입해 온 화**대대 주임원사 이**입니다.
먼저 훌륭한 아드님을 군대에 보내 주셔서 진심으로 감사드리고, 각종 부대 내의 업무로 인해 안부인사가 늦은 점 송구스럽게 생각합니다. 주임원사로서 진** 이병이 즐겁고 보람된 군복무를 할 수 있도록 잘 지도하고 보살피겠습니다. 점점 무더워지는 날씨에 가족분 모두가 건강하시고 댁내 행운이 가득하길 기원합니다.

안녕하세요. 진** 엄마입니다.
공사다망하신데 문자 주셔서 대단히 감사합니다. 많이 부족하고 철없는 저희 아들을 잘 지도해 주시고 보살펴 주세요. 국가의 안위를 책임지고 묵묵히 역할을 수행하시는 간부님들과 군 관계자 분들에게 다시 한번 머리 숙여 감사함을 표합니다. 안녕히 계세요.
진** 이등병 모 올림

군부대에서 안살림을 책임지고 있는 주임원사로부터 문자가 온다. 고맙다. 챙겨 주는 분이 많아 안심이 된다. 주임원사님께 감사함을 전하고 건강을 기원해 본다.

네 안녕하십니까! 화**대대 *중대 *소대 **분대장으로 임무수행하고 있는 김** 중사입니다. 궁금한 사항 있으시면 언제든 전화나 이렇게 카카오톡을 주시면 성심껏 답변해 드리겠습니다.

아들 부대에서 관련하신 다른 간부님으로부터도 카카오톡이 온다. 군에서 신경을 많이 쓰고 있음이 다행이다. 군 내부 간부님들로부터 부대에 안착한 장병들의 부모에게 안부의 카카오톡을 보내 주어서 한결 안심이 되고 고맙다. 업무에 노고가 많을 텐데 부모님들의 걱정을 조금이라도 줄여 드리기 위해 군 간부님들이 보내 온 연락이 큰 위안이 된다. 관계자 분들 모두에게 감사를 전하며 건승하시길 기원합니다.

밴드 소식
안녕하십니까! *소대 권** 하사입니다. 지난주 화요일에는 김** 병장의 전역 전 휴가 출발과 새로운 소대 식구인 진** 이병의 전입이 있었습니다. 그동안 소대 유일한 정*병으로서 고생 많았던 김** 병장에게 감사하고 축하합니다. 또한 새로운 식구로서 앞으로 함께 나아갈 진**

이병에게도 환영하고 축하합니다.

'수호신'이라는 부대 밴드를 통하여 아들의 소식을 전해 듣게 된다. 늠름한 군인의 모습을 보고 안심을 한다. 군 훈련에 바쁠 텐데 밴드를 만들어 사진 등 군 장병의 소식을 알려 주시는 분들께 감사를 드립니다.
 아들은 자대에 안착을 하여 이제 일등병이 되어 자리를 잡아 가고 있다는 소식을 듣게 된다. 안심이다. 무사히 안착을 한 만큼 앞으로 상병이 되고 병장이 되어 제대를 할 때까지 잘 지내길 바란다.

이즈음에 아들에게 메일을 보낸다.

아들에게
네가 자라서 늠름한 군인이 되었구나.
 장하다 아들, 이번 일병 진급을 축하한단다. 군에 간 지 70일이 되었구나. 너에게는 많은 일이 있었을 것으로 안다. 하루하루 극복해 가는 아들이 자랑스럽다.
 군이라는 곳은 사회와는 다른 세계인데도 너의 적응력이 뛰어나다고 본다.
 네가 힘들 때는 가족을 생각하면 한결 힘이 날 거라 생각한다.
 너의 뒤에는 항상 아버지가 있단다. 응원한다. 아들! 하루하루 잘 견뎌 내길 바란단다. 뭐니 뭐니 해도 너의 건강이 최고란다. 큰누나가 구입한 편지지에 아버지가 편지를 써서 보낼 거란다. 가족 모두 너의 팬이란다. 건강하게 너와 만나기를 기다리며….
 2021.7.5. 17:30 아버지가

군에서 온 콜렉트콜 전화

아들에게서 콜렉트콜로 전화가 온다. 아들은 핸드폰이 있는데 웬 콜렉트콜이지 궁금하다. 아들의 핸드폰은 후임에게 빌려주었단다. 아들도 자대에 간 초창기에 어떤 선임의 핸드폰을 빌려 전화 통화를 한 적이 있었다. 지금은 아들 밑으로 후임이 3명이 있다고 하는데 지난 시절을 생각하면서 아들의 핸드폰을 빌려주었나 보다. 착한 마음이라 반갑다.

살다 보면 착한 마음과 독하게 살아야 하는 경우가 있는데 착한 마음이 우선인 것 같고 경우에 따라서는 독한 마음이 필요할 때도 있다. 아들이 지금 군에서 화** 관련 시험을 보고 있는데 성적이 우수한 경우엔 외출을 보내 준다고 한다. 외출은 아침 9시부터 저녁 8시까지 외부에 나갈 수 있고 면회는 4시간 동안 가능하다고 한다. 최소한 4시간은 아들을 볼 수 있는 것이다.

김장을 마칠 즈음인 11월 27일(토요일)에 외출이든 면회든 신청을 한다고 한다. 이번에 보면 지난번 휴가 이후 처음으로 보는 것이고 그 사이에 다른 용무로 외출을 했을 때에 사진을 찍어 보내 주었는데 그동안 아들이 어떻게 변해 있을지 궁금하다. 훈련소 시절 때는 '아미고'라는 콜렉트콜로 전화를 하여 안심을 하게 해 주는 정말 반가운 전화 시스템이었다. 전화가 오면 금방 표정이 밝아진다. 그날은 하루 종일 기분이 좋아진다.

자대에 배치를 받고 나서는 핸드폰이 있어 아들이 시간이 날 때 언제든지 전화를 할 수가 있어 한결 마음이 놓인다. 이번 전화통화는 며칠 만인데 그동안 시험 공부에 바빴다고 한다. 전화 때마다 항상 물어보는 것이 "잠을 잘 자니?" "밥은 잘 먹니?"이다. 몸이 약하여 항상 신경이 쓰인다. 군복무를 하기엔 몸의 특수성으로 쉽지는 않을 것으로 생각했는데 입대를 하게 되어 더욱 그렇다. 하루하루 잘 지내길 바라고 다음 주 토요일에 또 전화가 오면 좋겠다. 아마 아침부터 연신 전화기를 들여다보며, 전화가 오기를 기다릴지도 모르겠다.

아들의 군복무 중에 설을 앞두고

따스한 햇살이 비추는 평온한 오후이다. 집 앞 발코니 외부에 참새가 먹을 수 있는 과자 부스러기와 직박구리가 먹을 수 있는 과일 껍질 및 밤 껍질 등을 내어놓으면 참새와 직박구리가 찾아와 먹이를 먹는데, 오늘은 직박구리와 참새가 눈에 보이질 않는다. 모두들 설이라 고향에 간 것일까? 눈에 보이지 않는 것이 어디 새뿐일까? 막내 아들이 군에 간 지 9개월이 지났다. 지난 해 추석 휴가를 나오고 올해 1월 초에 면회를 가서 잠깐 본 것이 전부이다. 가끔 전화가 오고 밝은 목소리를 듣고 안심을 한다.

한 번씩 카카오톡으로 안부를 전한다. 실로 다행이다. 부모를 떠나서 추운 전방에서 지내면서 집 생각이 당연이 많이 날 것이다. 예전 같으면 '어머니'라는 단어만 들어도 눈시울이 붉어지는 일이 다반사였는데 군엘 간 아들들은 지금도 마찬가지일 것이다. 평소 내무반 생활 및 훈련 중이어서 몸이 피곤하여 다른 생각을 할 틈이 없겠지만 특히 명절 때는 고향 또는 집 생각이 많이 날 것이다. 새해를 맞이하는 것은 신정과 구정이 있는데 우리나라는 구정을 설이라 칭하고 지내는 사람들이 많다고 한다.

구정 설에는 고속도로가 주차장을 방불케 한다. 차가 밀려도 고향에 계시는 부모님과 형제자매 여러 친척들을 만나는 설렘으로 차가 밀려도 기쁜 마음으로 너도나도 고속도로 위 차량의 행렬에 동참을 한다. 한때 정부에서도 명절 때는 고속도로 통행료를 면제해 주는 때도 있었는데 요즈음엔 코로나 19로 인해 정부에서 고향에 가지 않는 것을 권유하고 있다. 그래서인지 고속도로 통행료를 면제하지 않는다고 한다.

고향에 가서 부모님을 만나고 형제자매를 만나는 데 고속도로 통행료가 문제인 것은 아닐 것이다. 도시생활에서 지친 마음을 서로 나누고 서로를 위로해 주며 부모님의 안부를 확인하며 우리는 같은 가족임을 확인하는 과정일 것이다. 국방의 의무를 다하고 있는 아들, 내일은 아마 떡국이라도 나올지 모르겠다. 아니면 합동으로 부모님께 절을 하는 의식이라도 해 주는지 모르겠다.

이 모든 것이 아들의 마음을 성장시켜 주는 것이 되겠지만 아들이 보고 싶은 것은 숨길 수 없는 것이 사실이다. 혹시 오후에 시간이 되면 전화라도 올까 기다려진다. 아들은 마음이 그래서인지 체육관에서 운동을 하고 있는 것인지 모르겠다. 잘 극복하기를 바라지만 아버지로서 항상 걱정이 되는 것이 사실이다. 이제 군복무의 절반이 지나고 있는데 군 내부에서의 시간은 더디게 갈 것으로 생각된다.

하루하루 밥을 잘 먹는지 잠은 잘 자는지 궁금하다. 아들이 씩씩하게 잘 지내길 바란다. 추운 겨울이 지나면 머지않아 따스한 봄이 올 것이고 곧 더운 여름이 오고 다음 계절은 아들이 제대를 하는 가을이 올 것이다. 잘 지내거라 아들. 사랑한다.

3 아들과 나눈 편지

139번 훈련병으로부터

충청남도 논산시 연무읍 **대로 **길 제 **교육대 **중대 *소대 *분대 훈련병 아들로부터 군사 우편이 온다.

'국가방위의 중심군 육군'이라고 새겨진 편지지에 아들의 훈련병 시절을 기록한 편지이다.

사랑하는 아빠에게(2021.5.8.)

아빠 안녕하세요. 잘 지내고 계신가요? 전 여기 훈련소에 온 지 2주째가 되고 있어요. 처음 입영심사대에 들어갈 때 인사도 제대로 하지 못하고 들어갔는데 아쉬워요. 거의 2시가 다 되어서 들어가는데 기분이 묘하고 이상했어요. 그날은 입구를 따라서 안으로 들어가서 큰 축구장 안에 들어갔어요. 거의 수천 명은 되어 보이는데 다들 어색해하고 낯선 분위기였어요. 저희를 인솔하는 흰 방호복을 입은 사람들이 저의 신발 및 옷 사이즈, 건강 상태 등을 체크하고 바로 줄을 따라 훈련소 안으로 들어갔어요(그때 차 타고 갈 때 왼쪽이 논산훈련소이고 오른쪽이 입영심사대였어요). 기분이 묘했어요. 꼭 감옥에 가는 느낌이었어요.

방호복을 입은 사람이 저희한테 큰 소리로 외쳤습니다.
"마스크 써, 똑바로 써, 들어가."
라고 하는데 조금 무서웠어요. 그렇게 쭉 들어가서 교육대 건물 앞에 앉아서 기다리고 있는 동안 사회에서 가져온 물건들을 내어놓고 건물 안으로 들어갔어요. 저는 1층으로 들어갔어요. 건물에 복도가 길게 있었고 저는 3-2 방으로 들어갔어요. 그곳 침대 위 보급품들을 정리하고 저녁을 먹었어요. 앞으로 2주간은 자가 격리를 해야 해서 화장실을 갈 때 말고는 침대 위에 하루 종일 앉아 있어야 한다고 해요. 밥도 침대 위에서 먹고요. 그날 저녁은 전투식량 봉지밥이었어요. 침대의 벽을 보면서 식사를 하고, 침대 위에서 책을 읽었어요. 그리고 밤 10시가 되어서 취침을 했어요. 저희 방은 총 16명인데 하루에 5명씩 불침번을 서야 했어요.

저희 방은 개인번호 129부터 140까지 있고 저는 화요일과 수요일 새벽 3시부터 4시 30분까지 불침번을 섰어요. 10시에서 11시 30분, 11시 30분에서 1시, 1시에서 2시, 2시에서 3시, 3시에서 4시 30분, 4시 30분에서 6시까지입니다. 첫날 잠을 자려 누웠을 때에는 잠이 잘 오지 않았어요. 조금은 답답했어요. 그렇게 1시간 동안 멍하니 위를 바라보다가 잠이 들었어요.

다음 날 6시, 방에 있는 스피커에서 "기상! 기상!" 소리에 잠에서 깼어요. 또 일어나서 책을 읽다가 정해진 시간에 화장실 가고, 침대 위에서 밥을 먹었어요. 엄마가 해 주시는 밥이 먹고 싶었어요. 밥은 많았는데 김치는 조금 나오고, 대부분 고기 반찬도 조금 나왔어요. 이렇게 세 끼를 식판에 먹거나 전투 식량 팩을 받아서 먹었어요. 그렇게 일주일간은 침대 위에서 먹고, 자고, 책 보고 훈련 교육 영상을 보면서 시간이 흘러갔어요.

지금은 토요일이에요. 그리고 어제는 필기 시험을 보았어요. 일주일 동안 〈정신전력 참고교재〉를 읽으면서 공부를 하게 했어요. 다음주부터 밖에 나가서 교육을 받는대요. 이제 진짜 군인처럼 군복을 입고 총을 들고 나가서 훈련을 할 것 같아요. 아직 전 잘 지내고 있어요. 입대하기 전부터 공부하고 운동하면서 지내다 보니까 덕분에 군대 내에서도 잘 적응할 수 있었던 것 같아요.

물론 식사를 하는 것이나 취침시간이 맞지 않아서, 또 다른 성향의 친구들과 종일 같이 있어야 해서 때로는 힘들기도 했지만 전 괜찮아요. 모두 극복할 겁니다. 아무리 힘들어도 잘 이겨 낼게요. 잘할 겁니다. 전 아빠의 아들이니까요.

-아들 올림-

아빠에게(2021.5.15.)

아빠 안녕하세요? 잘 지내시고 있죠? 지금 편지를 쓰는 순간 저는 주말이라 쉬고 있어요. 다들 아침 점호하고 밥만 먹고 방에서 놀거나 쉬고 있어요. 지금 분위기가 거의 고등학교 시절의 쉬는 시간 같아요. 아빠가 저 군대 갈 때부터 걱정하시는 것 알아요. 하지만 저는 지금 많이 행복해요. 책을 많이 읽는 친구가 저를 많이 좋아해 줘요. 다른 한 친구는 항상 같이 다녀요. 첫 번째 친구는 중대장 훈련병이에요. 220명을 점검해요. 아침저녁 점호 때마다 "보고! 충성! **중대 부대 차렷! 아침점호 인원보고 총 인원 220명, 열외인원 몇 명, 현재원 몇 명, 점호 준비 끝" 하고 어디 갈 때마다 맨 앞에 서서 중대장한테 보고하는 역할을 해요. 두 번째 친구는 우리 방 친구들(*분대)을 통솔해요. 어디 갈 때는 걸음 맞추는 것을 하고 점호 때마다 구호를 외치는 역할이나 여러 가지 일들을 해요. 그런 두 친구들이 이 방에서 제일 깊이 교류하는 동기들이에요. 절반 이상은 친구들 대부분이 실없거나 재밌거나 탈영, 계급 얘기, 게임이나 축구 이야기를 하는 것이 보통인데 두 친구랑은 자주 의미 있는 얘기를 하면서 깊은 사이가 되어 가고 있어요. 전에 중대장 친구가 저한테 미래 계획이나 재테크에 대해서 많이 물어봐요.

분대장 친구는 리더십이 있는데 중학교 때 친구인 이준형처럼 학교 다닐 때 계속 반장을 하였고, 대학교에 와서도 과대표도 했었다고 해요. 제가 훈련을 받으면서 잘 못해도 이끌어 주고 잘하도록 알려 주고 그래요. 제가 다른 동기들이 게임이나 축구, 술, 계급, 훈련 이야기를 할 때는 관심 분야가 아니라 대화할 때 말을 많이 하지 않는데 책이나 미래 얘기, 주식 얘기, 진정성 있는 얘기를 할 때는 얘들이 전부 저한테 귀를 기울이고 제가 어떤 생각을 하고 있는지 궁금해하곤 해요.

또 그때는 저도 동기들이 축구 이야기를 할 때처럼 리더가 되고 통솔력 있게 되는 것 같아요. 전 또래 동기들이랑 일반적인 관심 사항은 다른 데에 마음이 가서 답답할 때가 많아서 전 아예 그런 스타일인 줄 알고 있었는데 아니었어요. 그래서 답답하고 관심사가 달라서 스트레스를 받게 되고 말을 할 때 실수(내 주장을 강하게 하는 것)를 했던 저였어요.

제가 관심이 있는 분야에서는 대화에서 동기들이 말을 골고루 하게 배려해 주고, 잘 들어 주고, 재미가 있고 듣기 좋게 얘기해서 듣는 사람에게 호감이 가게 하는 저를 발견했어요. 그리고 감동했어요. 앞의 두 친구가 저한테 그랬어요. 저한테 "너는 배울 것이 많고 성숙한 것 같다"라고 해요. 스승님이래요. "고민이 있으면 너한테 물어볼게"라고 하더라고요.

전 항상 원하던 것이 있었어요. 꼭 약한 사람에게 약하고 강한 사람한테 강하고, 잘 들어주고, 재미있게 해 주는, 유재석 같은 리더가 되고 싶었어요. 그런데 학교에서는 몸이 아프다 보니 어렵고 힘든 시간을 보내게 되고 마음 또한 힘들었어요. 그리고 여기 와서 읽은 책 중에 〈고민이 고민입니다〉라는 책이 있어요. 눈에 띄는 내용 중에 '스트레스를 받거나 우울하면 이성적인 판단이 어려워지고 인지용량이 좁아져서 현명해지기가 힘들다' 그래서 많이 의지하는 사람한테 짜증을 내거나 감정적으로 격해진다고 해요. 여기 있는 친구들한테는 아빠만큼은 의지하지 않으니까 스스로 감정을 다스리게 되고 차분하게 저의 상태를 당당하게 이야기하게 되었어요.

그리고 식단도 강제적으로 조절을 하게 되니까 절제도 쉬워졌어요. 힘들면 바로 조절하고 건강을 조절하게 되었어요. 스트레스를 받아도 원인을 마주하고 바로 해결하려고 애쓰고 잘 소화시키려 하고 있어요. 몸의 힘든 상황을 동료들에게 편하게 얘기하면서 더욱 친해진 것 같아요. 동기들은 저랑 다르게 감정 표현도 쉽게 하고 틈만 나면 "나 슬퍼, 우리 탈영할까? ㅋㅋ 행복해?"라고 하니까 저도 그런 것을 닮아 가는 것 같아요. 또 친구들한테 저에 대해서 이야기했는데 잘 이해해 주어요. 그동안 제가 과하게 생각을 했었나 봐요.

이젠 제 단점을 이야기해도 별로 불편하지가 않은 것 같아요. 저를 공개해도 이젠 괜찮다는 것을 느꼈어요. 이렇게 지내면서 조금씩 밝아지고 있어요. 엄마 아빠의 품을 벗어나서 스스로를 책임지고 저 스스로에게 의지하고 엄마 아빠 말고도 마음을 공유하고 이해받을 수 있게 되어서 너무 좋아요. 배운 것이 진짜 많아요. 여기에서 잘 지내고 건강도 잘 챙겨서 이 시간들을 무사히 보낼 수 있도록 노력할 거예요. 그래도 아직은 아빠한테 의지를 많이 하는 것 같아요. 앞으로는 다른 사람한테 의지하고 의지해 줄 수 있는 사람이 될게요. 그동안 아빠도 잘 지내세요. 약(건강기능식품)도 잘 챙겨 드시고, 쉼터에 가서도 너무 무리하지 않으시고 적게 일하세요. 저 돌보시느라 힘드셨어요. 아빠 하고 싶은 것, 행복한 것, 다른 사람이 원하는 것 말고, 아빠가 좋아하는 것 많이 하셨으면 좋겠어요.

보고 싶은 엄마에게

엄마 안녕하세요. 잘 지내고 계신가요? 전 잘 지내고 있어요. 제가 있는 방 안에 좋은 친구들이 많아요. 사실 편지를 쓰고 있는 지금은 너무 편해서 어제 친구들한테 수련회에 온 것 같다고 하면서 수다 떨고 운동도 하고 잘 지내고 있어요. 처음 제가 여기에 왔을 때에는 사실 제가 군대에서 잘 지내서 건강하게 제대를 할 수 있을까 걱정이 많이 되었어요. 그래서 신체 검사를 받는 날에 정밀 신체 검사를 할 사람을 나오게 하는 자리에서 저 포함해서 단 2명만 앞에 나가기도 했어요. 만약 정밀 신체 검사를 하게 되면 여기서 나갈 수도 있어서 이곳에 있는 것이 불편하고 더 답답하다고 느꼈던 것 같아요. 그래서 이곳에 있지 않은 것이 당연하다고 생각해서 몸은 여기 있는데 마음은 다른 곳에 가 있기도 했어요.

그런데 지난주 금요일 즈음에 제가 훈련소 병원에 가서 기다리고 있는 도중에 다른 마음이 생겼어요. 지금의 경험은 이곳에서 나가면 하지 못할, 겪어 보지 못할 것이고, 그러면 배울 수 있는 것도 없고, 만약 다시 사회로 돌아간다고 해도 큰 변화가 있을 것 같지 않았어요. 또 여기에 있으면서 좋은 친구가 생길 수도 있는 것이고 여러 사람과 생활하면서 보고 배우는 것이 있을 것이라고 생각했어요. 그래서 그날, 생각(미련)을 바꾸어서 그냥 이곳에 남기로 했어요.

그렇게 생각하니 저절로 마음이 긍정적으로 달라졌어요. 옆에 있는 친구 말고도 앞 침대 옆 침대에 있는 애들한테 말도 걸고 서로 대화하면서 전보다 더 가까워졌어요.

지금 이 생활관에서 제일 친해진 친구 두 명이 있어요. 또 어릴 때부터 운동을 해서 제가 운동에 대해서 어떻게 해야 하는지 물어보는 친구, 그리고 주식에 대해서 물어보는 여러 명의 친구들도 있어요. 가장 얘기를 많이 하는 친구는 분대장이에요. 다른 한 친구는 중대장 훈련병이고요, 첫 번째 친구는 2002년생(빠른)이에요. 다들 2000년생인데 리더십이 있는 친구예요. 저랑 이야기를 많이 하고 같이 지내는 친구에요. 때론 서로 다투면서 때론 배려도 하고 서로 돕기도 하는 배울 것이 많은 친구랍니다.

주변 친구들 말에 의하면 저보다 잘 웃고 반응도 잘해 주고 해서 닮고 싶은 친구입니다. 전우들도 지금은 이 친구한테 많이 물어봐요. 중학교 때 친구인 이준형처럼, 옆에서 배우고 싶은 애예요. 두 번째 친구는 저를 잘 아는 애예요. 저를 알아보고 와서 제 안에 있던 혼자만 알고 있던 가치를 그 친구에게 말해 준 첫 번째 친구예요.

그 친구는 카피바라(포유류동물)처럼 모든 애들이 좋아하고 친해요. 중고등학생처럼 웃으며 놀다가도 저에게 와서 얘기하는 친구예요. 본인도 자기개발을 하는 것에 관심이 많다고 하고 제가 운동을 열심히 하고 주식공부도 계속 하는 것을 보면서 저한테 대단하다고 했어요. 그리고 그 친구도 알고 있다고 했어요. 우린 너무 철이 없고 하고 싶은 것을 찾고 있는데 어떻게 할지 모르겠다고 하면서 "넌 성숙하고 생각이 깊다"라고 말하곤 해요.

그리고 미래에 대해 물어보았어요. 이 친구들 말고도 여러 친구들이 저랑 비슷한 이야기를 했어요. 이렇게 며칠을 지내다 보니 점점 좋아져서 지금은 행복해요. 제가 또래 동료들과 다른 점이 있어서 게임을 안 하고, 욕을 안 하고 선을 넘는 장난들을 치지 않아서 그런지 공통점이 없어서 대화하는 것이 불편했었고 군대에 오기 전까지 그렇게 느끼고 있었어요. 그런데 잠깐이지만 그 친구들의 마음속에 있는 작은 미래의 걱정거리 및 정말로 중요한 것(일, 가족, 행복, 자연)이 있다는 것을 알게 되었어요. 그리고 제가 가지고 있는 마음속의 가치가 혼자만 느끼는 외로운 것이 아니라는 것을 알게 되었어요.

저는 애들이 회피하고 있는 것들(돈, 미래, 흥미 찾기)을 직면하고 있었고 정말 소중한 것들에 집중하려고 애쓰고 있었어요.

그리고 그 마음을 알아주는 친구들이 있었어요. 저는 여기 와서 이렇게 점점 나아지고 있어요. 앞으로는 더 좋아질 것 같아요. 제 생각이 맞다는 것을 주변에서 인정받았고 제가 고칠 것들을 하나하나 고쳐나갈 겁니다. 운동을 잘해서 몸이 좋은 친구한테는 식단이나 운동법을 질문하고 모든 애들과 잘 어울리는 친구 옆에서 듣고 반응하는 법, 생각하는 방향을 배우고 리더십 있는 친구랑 같이 다니면서 책임감, 이타심을 배우려고 해요. 또 제가 좋아하지 않는 친구(욕을 많이 하는 친구)와는 그 친구의 장점을 찾고 제 언어를 어느 정도 포기하고 적당히 그 친구에게 맞추어 주는 연습을 해 보려고 해요.

여기 있는 동안 많이 배울 수 있을 것 같아요. 엄마가 해 주시는 밥과 사랑을 받을 수는 없지만 그래도 씩씩하게 잘 지내다가 다시 엄마의 품으로 돌아갈게요. 그동안 엄마도 잘 지내요. 또 연락할게요.

논산에서 아들로부터

엄마 아빠께(2021.5.17.)

오늘은 사격을 하러 다녀왔어요. 아침엔 날씨가 조금 어둡네요. 아침을 먹으러 갈 때는 판초우의를 쓰고 갔어요. 요즘 식사를 하러 갈 때가 제일 행복한데 고기가 나올 때는 조금 그래요. 오늘은 저녁에 '왕뚜껑' 라면 하고 돈가스가 나왔어요. 다른 애들은 지금까지 나온 식사 중에 제일 맛있어하고 행복해했는데 전 조금 슬펐어요.

식사 마치고 다른 애들은 신나서 떠들고 선을 넘는 장난도 치고 재미있게 지내는데 저는 전혀 그러지 못해서 슬펐어요. 얘들은 맛있는 것(치킨, 라면, 과자)을 먹으면서 게임 얘기와 술 담배 얘기를 하면서 친해지는데 저는 그런 것을 못해서 조금 힘들어요. 그래도 조금 전에 중대장 훈련병 친구가 저한테 주식 관련해서 물어봐 줘서 기분이 좋았어요(물론 곧바로 애들이 '토토(복권의 일종)' 이야기를 하고 "인생은 한 방이야! 한곳에 그냥 몰빵!" 이런 이야기를 해요).

그리고 저녁 때 제가 라면을 왜 안 먹는지 다른 친구가 물어보고 제가 건강상이라고 하니까 위로해 줘서 고마웠어요. 어제는 애들 2명이랑 윗몸일으키기를 했어요. 2분의 시간을 정하고 했었는데 제가 못 할 줄 알았나 봐요. 약해 보인다고 계속 저한데 그러는데 전 그 편견을 부숴 버리고 싶었어요. 저보다 덩치가 큰 친구도 이겼어요. 제가 2분 동안 82개를 하고 그 친구는 73개를 했어요. 여기서 많이 느끼는 점은 역시 사람은 겉으로 보이는 것으로 판단하나 봐요. 하지만 전 크게 신경 쓰지 않아요.

전 제 가치를 알아주는 사람과 저를 갉아먹지 않는 이로운 사람들만 제 옆에 남길 겁니다. 다음 주엔 1.5km, 3km 체력훈련도 한다고 해요. 꼭 1등을 할 거예요. 훈련도 앞으로 잘 받고 건강도 잘 관리해서 밝은 모습으로 다시 만나요.

큰누나에게(2021.5.22.)

누나 안녕! 나 누나의 동생이야. 누나 잘 지내고 있지? 난 지금 생활관에서 쉬는 중이야. 3시 30분까지 2시간 동안 낮잠을 자는 시간을 줬는데 누나한테 편지 보내는 것이 더 좋아서 지금 애들은 자고 있는데 몇 명하고 나는 앉아서 무언가를 쓰고 있어. 사실 어제 사격훈련을 했었거든. 그런데 그중에서 합격한 인원들만 쉬게 해 주고, 나머지(절반 이상) 애들은 다시 사격하러 갔어. 그래서 소대장님이 합격한 인원들만 불러서 생활관에서 쉬게 해 주고, 점심도 자유롭게 먹을 수 있도록 하고, 설레임(아이스크림)도 주고, 지금은 2시간 정도 낮잠 자는 시간이야. 3시 30분에는 PX에 간다고 하는데, 지금 애들은 너무 신이 나고 좋아하고 있어ㅋㅋ.

전에는 한 방에 16명씩 집의 복도 문처럼 좁게 지냈고, 통제도 심했었거든, 화장실도 마음대로 못 가고, 눕지도 못 하고, 그런데 어제는 무거운 짐들을 허리에 매고 총을 들고 1시간을 걸어 갔다 오면서(또 갔다 오자 푸쉬업 60개 하고… 조금 힘들었음) 하루 종일 떠들면서 장난치고 웃던 우리 방 친구들도 어제는 엄청 힘들어 했었거든. 그런데 오늘 이렇게 방 안에 에어컨도 틀어 주고(처음으로) 아이스크림도 주고, 낮잠도 자게 해 주니까 애들도 나도 너무 신났어.ㅋㅋ

조교들도 모두 사격훈련 따라갔고 지금 복도에 우리를 통제하는 사람들도 없고,ㅋㅋ 너무 좋네.

이제 확실하게 느꼈어. 행복은 상태의 기울기야. 집에 있을 때는 편의점 가는 것이 너무 당연해서 귀찮다고 느낄 때도 있는데 여기 있다 보니까 작은 보상에도 엄청 행복한 거야. 부식으로 초코파이가 나오거나 훈련 받다가 물을 마시는 것, 불침번을 서지 않는 날 밤에 누웠을 때, 하루 3끼 밥을 먹으러 가는 시간들, 군대 가기 전이랑 행복의 기준이 달라진 것 같아. 그러잖아. '군대 가면 철든다'고, 감사함을 알게 되고 부모님의 마음을 조금이라도 알게 된다고.

물론 이 환경 속에 있을 때는 소박한 것에 감사하게 생각하다가도 나중에 전역하고 나서 얼마간의 시간이 지나면 노래 듣고, 자유롭게 걷는 것, 간식을 사 먹는 것들이 다시 적응된 모드로 바뀔 것이 당연하지만 한 가지 깨달은 것이 있어. 간식을 적게 주다가 많이 주면 점점 많이 주어도 만족을 못하는데 간식이 없다가 있으면 양이 얼마가 되었든 감사하고 행복한 것 같아.

그럼 소박한 것이라도 있다는 것만으로도 감사할 거야(지금 애들이 그런다. "어떻게 낮잠 자는 시간이 생기지?ㅋㅋ 군대에서").

누나도 그럴 거야. 지금 힘들다는 것은 마음이 익숙해지면 고통 자체가 기준점이 되고(심리의) 익숙하게 삶에 녹아드는데 여기서 나아지면 무조건 행복이야.

누나는 앞으로 지금보다 점점 더 계속 행복해질 거야.

누나도 작은누나도 잘 지나가자 이 시간을. 난 여기에서 잘 지내고 있어. 우리 방 애들이 모두 서울에서 왔고 그냥 중고등학교 같아. 훈련 때 빼고는 그냥 쉬는 시간의 고등학교 모습, 재미있고 배울 것도 많아.

처음으로 나의(나만 아는) 가치를 알아주는 친구를 만났고 애들하고 가끔씩 주식 얘기를 할 때 내가 대화의 주도권을 가지는 것도 신기해. 난 기다리고 있었거든. 빨리 내 또래 애들이 장난만 치거나 게임이나 축구 얘기만 하고 욕은 일상 언어이고 거친 것이 당연했는데 언젠가 좀 진지하게 정말 중요한 것들에 대해서 생각해 보고 경제 공부하고 책 읽는(지금 또 애들이 떠들어서 글이 이상하게 써진다. 아직 애들은 철이 없어, 내가 예민한 건가? 아직 몇 명은 자고 있는데) 모습도 조금씩 보여주니까 조금은 좋아지고 있어.

물론 하루이틀이 지나면 다시 또 고등학생처럼 되지만 그래도 내가 이상한 것이 아니라는 것을 알게 되었어. 난 조용하게 진득하게 잘 살고 있는 것이었어. 물론 나도 다른 친구들한테 자유로운 감정 표현 하는 것을 배울 필요가 있고 그 과정에서 나에 대해 확신을 하게 되어서 좋아. 자기혁신도 하고 배울 것도 있어서 좋아.

난 지금 이번 주부터 훈련을 시작했어. 수요일에는 총 사격, 균형 잡는 것과 총기 분해 연습(애들이 또 얘기하네. "담배는 끊을 수가 없다고, 우리 탈영할까? 본성을 거스르는 짓이야. 조금 있으면 PX에 가게 되면 과자를 사 와야지, 콜라도 사고" 난 이 말이 제일 싫은데)을 하고 어제는 사격하고 와서 푸쉬업하고 3km 달리기 했었어. 조금 있으면 1.5km, 3km 달리기랑 푸쉬업(2분), 윗몸일으키기(2분) 시험을 본다고 하네. 나 잘할 수 있겠지? 꼭 1등해서 다시 연락할게.
　-논산에서 동생으로부터-

　편지봉투에는 군사 우편이라는 도장이 앞면에 찍혀 있고 뒷면에는 최고를 꿈꾸는 자의 선택 육군간부 장교 부사관 모집 1588-****, www.goarmy.mil.kr 이라는 광고가 보인다. 편지지에는 우측 상단에 대한민국 육군이라는 글씨가 있고 아래와 같은 안내가 있다.

　-신병 부대배치 안내: 육군 홈페이지 www.army.mil.kr
　-훈련병의 사진 보기: 육군훈련소 홈페이지와 사단 신병교육대대 Daum카페
　-육군 SNS 대한민국 육군, 페이스북, 카카오스토리, 트위터
　국방 헬프콜-1303(국군 생명의 전화, 군 범죄신고/상담)

　아들의 편지 속에는 먹는 것에 대한 불편한 상황이 보이는데 내용을 글로 옮기면서 마음이 아픔을 느낀다. 단체 생활에서 일부의 군인을 위한 먹거리에 대해 별도로 조리를 할 수가 없는 것을 알고는 있지만 언젠가는 메뉴가 다양하고 선택을 할 수 있는 상황이 되면 좋겠다는 바람을 가져 본다. 지금 당장 아들이 겪고 있는 것에 해 줄 수 있는

것이 없어 마음이 약간은 무겁다. 다만 아들이 슬기롭게 이 상황을 잘 극복하기만을 바랄 뿐이다.

2021년 말과 2022년 초에 쓴 편지

사랑하는 아들에게

23번째 맞이하는 아들의 생일을 진심으로 축하한다. 아마도 부모님과의 만남이 너에게 큰 선물이겠지. 오랜 시간 동안 부모님 곁을 떠나 잘 지내고 성장하는 모습이 기특하고 대견하네. 이번 겨울 방학에는 엄마도 아빠처럼 좋은 글을 쓰면서 교직생활을 마무리하고 싶구나. 너도 군복무하는 동안 하고 싶은 일을 구체적으로 적어 보면 좋겠구나. 행복하고 건강하게 멋지게 잘 살자. 고맙고 사랑하는 아들과 함께라서 엄마가 좋다.

2021년 12월 31일 밤 10시 27분
엄마로부터

흰둥이(아들이 아끼는 인형으로 아들의 별칭)에게
나 작은누나야.
2022년 1월 15일 생일 미리 축하해!
선물은 나중에 너 휴가 나오면 줄게!
그리고 상병된 것 축하해!
좀 있으면 나처럼 병장(?)이 되겠네~ㅋㅋ(농담)

나중에 네가 병장이 되었을 때 꿀팁 알려 줄게!

이제 전역일까지 대략 10개월 정도 남았군! 남은 기간 파이팅하고 항상 응원할게.^^ 그리고 네가 사 준 플리스 잘 입고 있어! 매일매일 입어! 플리스 선물 고마워! 이번 겨울에 최적화된 선물이야. 날씨가 추운데 따뜻해서 좋아! 잘 입을게! 우리 모두 다 함께 다음 휴가 때 보자!

항상 감기 조심하고 겨울 추위에 몸조심하고….

2021년 12월 31일 작은누나가

흰둥이 주인이자 우리집 보물1호인 동생에게

코로나 19만 아니었으면 이미 휴가도 면회도 여러 번 갔을 텐데 네가 입대한 지 8개월이 넘어서 이제서야 첫 면회를 가는구나. 다행히도 면회가 1월이라 너의 생일 즈음해서 얼굴 볼 수 있으면 좋겠다. 군에서 보내는 처음이자 마지막 생일일 텐데. 그 어느 때보다 축하해. 군대 가기 전에 마냥 두려워하던 네가 이제 '군대'라는 산의 중턱을 넘어가고 있다는 것이 믿기지 않고 기특하다. 시간이 가긴 가네….

그 순간에는 멈춘 듯 보여도 지나고 보면 참 빨리 지나가는 것이 시간인 것 같아. 네가 제대하면 엄마와 아빠 결혼 30주년 겸 너의 제대 겸 가족사진 한번 찍자. 너무 벅찰 것 같아. 오늘 2021년 12월 31일에는 네가 없는 시간을 보내지만 2022년 12월 31일에는 온 가족이 식사를 같이 할 수 있을 것을 기대한다. 우리 가족 모두에게 여러모로 행운이 가득한 2022년이 되기를….

그리고 2022년 12월 31일에 이 글을 기억할 수 있기를 바란다.

편지를 쓰고 있는데 작은누나가 자꾸 장난을 걸어오는구나. 편지지에 계속 스티커를 붙이고 있어.

2021년 12월 31일 오후 9시 34분
큰누나로부터

사랑하는 아들에게

양력 1월15일(음력 12월 21일) 너의 생일을 미리 축하한다. 작년 4월 26일 네가 입대를 하고 처음으로 맞이하는 겨울이구나. 밥은 잘 먹는지? 잠은 잘 자는지? 궁금하구나. 아버지는 네가 국방의 의무를 다하고 있어서 대견하고 자랑스럽구나!

부모님의 곁을 떠나 혼자서 해결해야 하는 일이 많을 텐데. 잘 견뎌주어서 고맙구나. 오늘은 2022년 1월 1일 새해 첫날이다. 한 해를 계획하고 실천하는 날이 되었으면 좋겠구나. 하루하루 잘 지내길 바란다. 건강하게 잘 지내거라.

2022년 1월 1일 새벽 5시
아버지로부터

강원도 인제에서 온 메일

첫번째 메일

2022.1.31. 20:10

아버지! 집을 떠나 군에 온 지가 이제 1년이 다 되어 가고 있어요. 여기서 아버지의 군 생활, 아버지의 살아오신 날들을 생각하고 있어요. 지난번 휴가 때 집 내부 벽에 붙여 놓은 달력 뒷면에 기록되어 있는 아

3. 아들과 나눈 편지　73

버지의 일대기를 사진 찍어 갔었어요.

저도 나중에 뒤돌아봤을 때 잘 살았다라고 생각하고 싶어요. 전역하고 나면 책임질 것이 많아진다는 것이 무서워요. 아직 오지 않은 날들이어서 그런 것 같아요.

그래도 뭐라도 이루려고 부동산 강의도 듣고, 책도 읽고 운동도 매일 하는데 아직 성취한 것이 없는 기분이에요.

얼마 전에 전역한 병장이 한 말이 기억나요. 군대가 인생의 마지막 휴가라고 해요.

또 몇 주 전엔 선임이 저한테 물어봤어요. "너는 무슨 낙으로 사니?" 그만큼 제가 재미없게 사는 것 같아 보였나 봐요. 그래서 제가 운동하고 책 읽고 요리하고 여행가고 그런 재미로 산다고 했는데 "사람마다 다르긴 하지, 그렇구나"라고 했어요. 제 나이 때에 즐길 수 있는 것을 안 누리고 사는 것 같아 보였나 봐요.

뭐가 맞는지 모르겠어요. "몸이 안 돼서 어쩔 수 없었다"라고 하니까, 선임이 그냥 수긍해 버렸어요. 만약 제가 몸 아픈 것 없이 살아왔다면 전 완전 다르게 살고 있을 것 같아요. 그런 질문과 대답이 계속돼서 좀 답답해요.

한두 달 전에는 게임을 시작했어요. 같이하면서 좋았는데 그동안에는 좀 불안했어요. 계속 안 하겠다고 했거든요. 유튜브를 통하여 본 군대 생활을 잘 보내는 방법은 운동, 독서라고 보았는데 여기에는 그런 분위기가 아니라서 약간은 혼란스러웠어요. 저는 사회에 있을 때부터 그런 삶에 익숙해져 있어서 그런가 봐요.

지금은 휴일이라 힘들면 쉴 수 있고 하고 싶은 것을 할 수 있는데 평일에는 피곤해도 일어나야 하고 몸에 힘이 하나도 없어도 걸어야 하는 것이 좀은 힘들어요.

사회에 있으면 시험도 봐야 하고 책임도 져야 하지만, 여기서는 책임질 것은 덜한데 체력적으로 힘든 것 같아요. 얼마 전엔 2주 동안 10번 이상 야간 근무를 섰던 적이 있어요. 그때 잠을 안 깨고 자고 싶다는 생각을 다른 날들보다 많이 했었어요.

요즘엔 식사를 하고 나서 약 15분 정도 걷는 습관을 들이려고 하고 있어요. 사람은 환경을 닮게 된다는 말처럼, 주변에서는 밥 먹고 바로 누워서 핸드폰 하고 그러니까 저도 그렇게 되어 가고 있었나 봐요. 그래서 요즘 식사하고 나면 엄청 피곤했어요. 아무것도 못 할 정도로요. 그런데 요즘엔 밥 먹고 바로 걸으니까 그런 증상이 덜 느껴지고 제 몸을 챙기니까 정서적으로도 좋아진 것 같아요.

다른 사람들은 매일 라면 먹고 과자 먹고 냉동치킨 먹어도 아무렇지 않은데 저만 예민한 것 같아요.

진짜 남들은 모르는데 밤에 자다가 깨면 낮에 너무 피곤해서 아무것도 못해요. 그런데도 잠을 잘 자려면 운동하러 가야 해서 부담이에요. 그래서 입대 전 하고 다른 것이 여기선 운동하고 몸살이 난 적이 많았어요.

예전에 아버지가 하시던 말씀인 "밥 천천히 먹어라. 국물은 덜 먹어라. 건강하게 먹어라" 등 이런 말들을 여기 오니까 듣고 싶어져요.

어머니와 아버지가 저한테 해 주셨던 말씀들, 저한테 주셨던 마음들이 간절하게 느껴져요.

두 번째 메일

2022.2.2. 20:03

1. 오늘은 족구 대회를 했는데 우승을 했어요.

중대별로 해서 토너먼트로 대회를 했었는데 저희 중대팀이 우승을 했어요. 저도 참여했었는데 같이 한 5명도 있어요. 참가한 사람 모두 휴가 2일을 받을 것 같아요.

2. 요즘은 다시 게임을 줄이고 있어요. 일부러 무척이나 많이 했었거든요. '게임의 유혹에서 빠져나오자'라는 생각이 들 때까지 하려고 했어요. 그리고 게임의 목표를 정하고 동기 부여받기에 좋은 방식인걸 알고, 책이나 강의 듣는 것도 게임처럼 생각하도록 했어요.

눈에 보이게 목표를 적고 목차를 적어서 동기 부여를 하자라고 생각했어요. 요즘엔 게임을 하려고 하는 마음이 거의 없고, 가끔만 하고 있어요. 이제 게임이 저에게 의미 있는 것들을 방해하지 않고 공존할 수 있게 된 것 같아요.

그리고 게임을 계속하다가는 나중에 후회하겠다는 생각이 들어서 더 열심히 책을 읽고 부동산 강의를 듣고 있어요. 그래서 요즘 가장 균형 잡히게 살고 있는 것 같아요. 놀기도 잘 놀고 책 읽을 때는 책을 읽고요.

요즘엔 몸도 잘 컨트롤 하고 있어서 잠을 잘 자고 있어요. 점점 모든 것이 더 좋아질 거 같아요. 다시 초심 다잡고 처음 여기 왔을 때처럼 지내기로 하였어요!^^

세 번째 메일

2022.2.16. 20:16

오늘은 취사 지원을 하는 첫 번째 날이었어요. 매 끼니마다 식당으로 미리 올라가서 밥을 먹고 다음 오는 인원들 식판을 닦고 세척하는 일을 했어요. 저는 헹구고 세척 기계에 넣는 일을 맡았어요.

처음엔 재미있었는데 계속하다 보니까 조금 힘들었어요. 오늘 아침에는 식당의 배수구가 막혀서 제독차를 끌고 와서 주임원사님 및 부소대장님과 같이 막힌 부분을 뚫어 내느라 식당 세척장이 다른 날보다 많이 번잡하였어요. 지금은 작업을 마치고 들어와서 씻고 쉬고 있어요. 오늘밤에는 야간 학습을 하려고 해요. 지난번에 추천 도서로 말씀해 주신 〈아들아 돈 공부해야 한다〉라는 책을 읽을 예정이에요.

사실은 어제부터 읽기 시작했어요.

〈답장〉

취사일은 부대원들의 건강을 책임지는 힘든 일이지. 예전부터 취사병은 군기가 강하기로 소문나 있지. 그러나 지금은 변화가 많았을 것 같다. 네가 취사병은 아니지만 취사 업무를 지원한다니 너한테는 좋은 경험이 될 것 같구나. 집에서 설거지하는 개념과는 다를 것이다. 규모 면이나 일의 양이 많이 다를 것이다. 예전의 군에서는 각자가 먹은 것은 각자가 씻는 구조였는데 지금은 다른가 보다.

일종의 봉사활동을 한 것이 아닌가 하는 생각이 드는데 봉사 자체는 힘들지만 마음은 뿌듯한 것이 사실인데 군 내부에서는 봉사보다는 아마 지시가 있었을 수도 있겠다라고 생각한다. 하지만 새로운 것을 해본다는 것은 그만큼 배우는 점이 있을 것이다. 힘든 군 생활에서 그때 그때 느낌을 기록으로 남기면 훗날 의미가 있을 것으로 생각이 된단다. 잘 지내거라.

2022.2.17. 08:40 아버지로부터

네 번째 메일
2022.2.19. 17:57
오늘 부모님 얼굴을 오랜만에 뵌 것 같아요. 지난번에는 면회가 끝나고 나서 조금 침울해져 있었는데 지금은 조금 익숙해진 거 같아요. 부대에 더 많이 적응했다는 것이겠죠? 다시 힘을 내서 군 생활을 잘해 볼게요!
이제 이곳 생활이 절반 정도 남았어요. 전에는 운동이나 야간 학습 같은 것들을 하려고 하니 조금 눈치가 보이기도 해서 힘든 것도 많았는데 이제는 편하게 하고 있어요. 올해 9월 말이나 10월에 제대할 것 같아요. 건강하게 제대해서 뵐게요. 안녕!

〈답장〉
그래 아들이구나!
네가 군 생활에 잘 적응을 하고 있어 다행이고 고맙다.
아들아, 엄마 아버지 보고 싶을 땐 언제든지 면회를 신청하거라. 하루하루 보람되고 건강하게 지내거라.
아버지는 아들을 믿는단다.
2022.2.21. 08:30 아버지로부터

다섯 번째 메일
2022.2.20. 10:08
금요일과 토요일 밤은 야간 연등을 할 수 있는 날이에요. 영화를 보는데 영화를 보고 자면 저는 잠을 깊이 못 자는 것 같아서 지금 공부를 할 수 있는 방에 왔어요.

오늘은 주신 플래너에 이것저것 적으면서 생각을 정리하고 있어요.

〈답장〉
그래 아들이구나.
너한테서 메일을 받으니 기분이 좋구나.
마음을 다잡고 열심히 사는 네가 자랑스럽구나.
너무 늦지 않게 하고 잠을 잘 자는 것이 보약이란다.
대견하다 아들. 오늘도 파이팅!
2022.2.21. 08:42 아버지로부터

여섯 번째 메일
2022.2.21. 20:01
오늘 여기 눈이 많이 왔어요.
오후에는 컨테이너 크기 정도 되는 텐트를 설치했어요.
내일부터 혹한기라 훈련 준비를 하고 있거든요.
이번 주는 핸드폰도 사용할 수 없고 훈련만 하다 잘 거래요. 다치지 않게 훈련받을게요!

〈답장〉
아들이구나!
겨울의 끝자락인데 아직 공기가 차다.
내일부터 혹한기 훈련을 받는다니 잘 견디길 바란다.

주위를 잘 살피면서 동료들과 서로 도우며 멋지게 훈련을 마치길 바란다. 훈련을 마치면 어느덧 성장해 있는 너를 만나게 될 것이란다.

아버지는 너를 믿는단다. 파이팅!

2022.2.22. 08:30 아버지로부터

일곱 번째 메일

2022.5.16. 17:21

요즘은 무엇인가를 해야 한다는 생각에서 벗어나서 조금 마음을 풀고 지내고 있어요. 게임도 하고, 밥 먹고 탁구도 치고 있어요. 후임 중에 탁구를 잘 치는 친구가 있는데 처음에는 시합을 하면 11대 0으로 졌었어요. 하지만 지금은 가끔 이기기도 해요. 계속 탁구를 치다 보니 실력이 향상되고 타 중대 사람들(아주 실력이 뛰어난)과 시합을 해도 어느 정도는 보조를 맞추면서 경기를 해요. 타 중대 사람과 알고 지내다 보니 그중에 한 명은 저랑 전역 날짜가 같은 친구가 있어서 나중에 전역하고 나서도 연락을 해 보려고 해요.

어제 생활관을 바꿨어요! 저의 자리는 다행히 창가 쪽 끝자리예요. 이젠 후임들이 주축이 되어 중간에 위치하고 분대장과 선임병들이 끝자리에 위치해요. 전에는 거의 중간자리에 있었는데 이젠 끝자리라 마음이 편해요. 요즘엔 운동하면서 여러 노래를 듣고 있어요. 예전엔 조용한 노래만 듣고 지냈는데 요즘엔 멜론, 지니 뮤직에서 TOP100 노래들을 들으면서 전보다 더 행복해진 기분이에요. 랩도 듣고 몰랐던 좋은 발라드의 제목도 알게 되고 팝송도 많이 듣고 그래요. 들을 때마다 전에는 못 느껴 봤던 기분들을 느낄 수 있어요.

군대에 와서 좋은 것은 여러 사람들과 지내면서 다양한 습관들을 접

할 수 있다는 것이에요. 아직은 훈련이 없어서 여유 있게 지내고, 밥 먹고 탁구도 치고 하지만 이제 곧 훈련이 시작될 것 같아요. 그래도 몸 관리 잘하면서 행복하게 지내 볼게요. 아버지도 행복하게 지내세요.

 오랜만에 아들에게서 메일이 온다. 마냥 걱정만 하고 있는데 오히려 아들이 더 잘 지내고 행복해하는 느낌이다. 걱정이라고 하면 과거에 군복무를 할 때의 생각이 나서 그런지도 모른다. 그러나 요즈음에는 군 생활에 많은 변화가 있는 것 같아 다행이다. 하지만 왜 힘든 면이 없겠는가? 어쩌면 부모님의 걱정을 덜어 주려고 이렇게 표현을 한 것일 수도 있고 아니면 실제로 편한 생활을 하는 것인지도 모른다. 여하튼 아들로부터 연락이 오는 것은 좋은 일이다. 아들의 안녕을 확인한다는 것이 기쁨이지 않는가? 어쩌면 아들은 내가 생각하는 것보다 훨씬 더 잘 지내고 있을지도 모른다. 미래에 대한 걱정만 하는 것보다 현실에 적응을 해 가며 현재를 행복하게 지내는 아들이 오히려 더 현명할지 모른다. 오늘 행복해야 내일이 행복할 수 있는 것인지도. 하루하루 건강하게 잘 지내는 아들이 대견하고 고맙다. 제대일까지 휴가가 20여 일이 남았다고 하는데 제대 날짜가 고정이면 그동안 3~4번 휴가를 나올 수도 있을 것 같다(코로나 19로 인해 휴가를 나갈 수가 없어서 조기 전역을 하는 분위기에서 이제는 전역일에 전역을 하는 방침이라고 한다). 이제 한 달 남짓 지나면 아들은 병장이 된다. 하루하루 조심조심 잘 지내길 바라면서 아들에게 당부를 한다. 시간을 내어서 메일로 생각을 보내어 주면서 건강하게 잘 지내길 바란다는 답장을 보낸다.

여덟 번째 메일

2022.6.9. 09:03

요즘 자격인증평가 보는 시기라 많이 긴장이 돼요

군대에서 보는 거의 마지막 평가라 잘 보고 싶은 마음 때문에 떨려요. 아직까지는 열심히 하고 있고 모든 과정들이 괜찮게 되어 가고 있는 것 같아요.

내일 시험을 볼 것이 한 가지 남았는데 잘 준비해서 잘 보려고 해요!

〈답장〉

아들이구나!

자격인증평가를 준비하느라 힘들었겠구나.

아버지는 네가 충분히 실력 발휘를 할 거라 생각한단다.

심호흡을 하면 도움이 될 거야.

아버지가 좋은 기운을 보내마. 파이팅!

2022.6.9. 10:00 아들을 사랑하는 아버지가

4 강원도 인제에서
늠름한 군인으로

강원도 인제에서 멋진 군인이 된 아들

여름에서 가을로 넘어갈 즈음 강원도의 날씨는 서울과는 다르게 선선한 바람이 더 많이 불 것으로 생각되고 가을이 되고 겨울이 되면 더욱더 춥다는 말이 자연스러울 것이다. 시간의 흐름, 훈련의 고됨, 이 모든 것을 받아들이고 잘 이겨 내기를 바란다. 이제 아들은 강원도 인제에서 늠름한 군인이 되었다. 누가 뭐라고 해도 대한민국 육군 일등병이 된 것이다.

아들이 너무나 대견하고 자랑스럽다. 자대에서 본격적인 훈련에 임할 것이고 군 내부에서 일정한 역할을 담당할 것으로 생각된다. 시간의 흐름에 따라 선임이 제대를 하고 후임은 늘어 갈 것이다. 이는 제대하는 날까지 연속적으로 진행이 될 것이다. 서로 간 비슷한 나이일 것으로 생각되는데 군에 늦게 들어온 경우가 있다면 나이 차이가 5년 이상 날 수도 있을 것이다. 아들의 말에 의하면 학교 교사로 임용이 되고 나서 입대를 한 선임이 있다고 한다.

나이 차이가 나서 서로 간 존중을 하는 분위기라고 하는데 예전과 달리 분위기는 좋은 것 같아 다행이라 생각한다. 군 생활도 사람이 사는 장소만 다를 뿐으로 어떻게 임하느냐에 따라 다를 것으로 본다. 군 내부의 생활은 단체생활인데 주위의 동료들과 조화롭게 잘 지내기를 바란다. 이제 핸드폰이 있어 가끔 전화로 안부를 전해 온다. 가족 채팅

방에도 안부의 글을 올린다. 훈련소 시절과 후반기 교육 기간과는 다르게 지금은 핸드폰이 있어 언제든지 연락을 할 수가 있어 다행이다. 핸드폰은 일과가 끝나는 시간에 지급을 받고 점호를 받기 전에 반납을 한다고 한다.

 핸드폰을 지급받고 약 2~3시간이지만 궁금한 사회 소식을 핸드폰을 통하여 보기도 하고 전화를 하기도 한다고 한다. 서로 간 소통을 할 수 있는 핸드폰이 있어서 군 내부에서도 긍정적인 효과가 있을 것으로 생각된다. 티나지 않게 중립을 지키면서 부드럽게 내부 생활을 할 아들을 기대하면서 아들이 휴가를 받아 나오길 학수고대해 본다. 어떤 모습일지 궁금하다. 몸은 어떤지, 군복을 입은 모습은 어떨지, 궁금한 것이 한두 가지가 아니다. 전화상으로는 이번 추석을 전후하여 휴가를 나올 수 있다고 하는데 부대의 상황에 따라 다를 것이다.
 내심 부대의 상황에서 별다른 변화가 없기를 바란다. 아들의 안녕을 생각하면 보고픔도 있지만 하루하루 무사하기를 더 기원해 본다. 그래도 아들의 보고픔은 속일 수가 없나 보다. 이런 나를 보고 딸들은 말한다.
 "아빠는 아들을 많이 보고파 하는 것 같다"라고….

군에서 아들로부터 온 카카오톡

사랑하는 아버지께
내일 아버지 생신이네요
요즘 혼자 생각을 많이 하는데
어머니, 아버지를 자주 떠올리게
돼요.
그동안 못 했던 말들
못 해 드렸던 것들이 많은 것
같아요.
그동안은 저를 많이
도와주셨어요.
많이 힘드셨지요?
이제는 스스로 잘 챙기고 열심히
사는 아들이 될게요. 또 책임감을
가지고
주변을 돌아볼 수 있는 마음을
얻어 갈게요
전역하고부터는 부모님께 힘이
되고 싶어요!
생신 축하드려요.
사랑해요^^

군복무에 충실하고 있는 아들에게서 온 카카오톡이다. 고맙고 감동스러워서 스크린샷을 하여 아들 사진 폴더에 저장을 해 놓았는데 우연히 다시 보게 되어 그대로 옮겨 본다. 어릴 때부터 몸이 약하여 힘든 과정이 많았는데 건강하게 잘 자라서 군복무를 하고 있는 모습이 대견하다. 깨물어 아프지 않은 손가락이 어디에 있겠는가? 자식들 모두 소중하다. 아들은 건강상 더욱 애절하고 마음이 짠할 때가 많다. 부모를 떠나 조직 생활을 하는 것이 힘들 것이다. 자유도 없고 주어진 일을 해야 하는 국방의 의무라 신세대로서 받아들이기 쉽지는 않겠지만 2021년 4월 26일 입대를 한 후에 잘 지내고 있는 모습에 고마운 마음과 다행스러운 생각이 든다. 남은 군 생활 건강하고 성장하는 계기가 되기를 바란다.

면회만큼이나 반가운 아들의 전화

내일이면 음력 설이다. 혹시 오늘 오후면 아들에게서 전화가 올지 모른다는 기대를 하고 있었는데 이심전심인가 아내의 전화기에서 벨소리가 들린다. 아들이다. 면회가 이루어지기가 어려워지고 있는 시기라 전화가 무척이나 반갑다. 목소리가 밝게 들린다. 건강하게 잘 지냄을 확인하니 안심이 된다. 명절 연휴라 훈련은 없나 보다.

내무 생활에서 시간을 가질 수 있어 좋다고 한다. 동료 장병들과 축구도 하고 풋살도 하고 때론 e스포츠(게임)도 한다고 한다. 사회에 있을 때는 게임을 하지 않았는데 다른 장병들과 친근감 있게 지내기 위해 게임을 한다고 한다.

　너무 한쪽으로만 쏠리지 않는 것이 현명할 것 같다. 면회가 가능한지에 대한 질문을 한다. 하지만 요즈음엔 코로나 19 확진자가 20,000명에 육박하고 있어 군 내부에서도 조심스러운 분위기라고 한다. 면회를 통제하지는 않으나 면회를 하고 나면 격리를 위해 생활관에서 약 5일간 별도로 사용한다고 한다. 훈련 시에도 열외로 하고 여러 가지 제약이 많다고 한다. 최근 휴가자가 확진이 되어서 군 관계자들의 입장이 곤란한 경우가 많다고 한다. 이럴 때 억지로 면회를 신청하는 것은 오히려 장교들의 눈 밖에 나는 일이 될 수도 있을 것이다. 단체 생활에서는 분위기에 맞게 하는 것이 좋을 수도 있을 것이다. 지나치지 않고 중용을 지키는 지혜로움이 필요할 것이다.

　이제 내일 모레면 입춘이 된다. 봄이 곧 올 것이고 계절이 두 번만 바뀌면 즉 여름이 되고 가을이 되면 아들은 제대를 하게 되는 것이다. 군에 있는 동안 주위의 상황과 잘 맞추어 생활하는 것은 사회생활에서도 많은 도움이 될 것으로 기대한다.
　요즈음 군에서는 북에서 연신 미사일을 쏘는 등 분위기가 편하지만은 않을 것이다. 군에서는 만약의 경우에 대비를 해야 하므로 내부 통제를 단단히 해야 할 것이다. 러시아와 우크라이나의 일촉즉발의 상황이 뉴스를 통해 들리고 있어 전 세계의 관심이 저쪽으로 쏠리고 있는데 북한의 미사일 발사는 미국에서의 관심을 한반도로 쏠리게 하는 의도가 있다고 매스컴을 통하여 들린다.

국제 정세가 급속하게 변하고 있어 군에 아들을 보낸 부모로서 신경이 많이 쓰인다. 70여 년 전에 큰 전쟁을 겪은 한국이기에 다시는 그런 일이 벌어지지 않기를 바란다. 과거와는 다르게 군의 무기가 단거리와 장거리를 가리지 않기에 그 피해는 막대할 것이다. 이는 서로가 잘 알기에 오판을 하지 않기를 바란다.

하루하루 뉴스에 촉각을 세운다. 일반 국민들도 신경이 많이 쓰이는데 군의 입장에서는 더욱 촉각을 곤두세우고 있을 것으로 추측해 본다. 모든 장병들이 추운 날씨에 감기 조심, 코로나 19 등에 조심하고 무사를 기원해 본다.

군에서의 제설 작업

오늘은 음력으로 1월 1일 설날이다. 요즈음의 일기예보는 예전과 달리 정확도가 높다. 설날 전날부터 눈이 온다고 한다. 올해는 예년보다 눈이 적게 오는 듯한데 눈이 오면 여러 가지 생각이 겹친다. 우선 나무 위에 눈이 쌓여 눈꽃을 만들어 내는 신기한 풍경을 맛본다.

푸른 소나무 위의 눈은 푸른 소나무 이파리와 대조를 이룬다. 나뭇잎을 떨군 앙상한 가지 위의 눈도 겨울 나뭇가지와 대조를 이루어 신비함을 나타낸다. 눈이 오고 몇 시간 정도는 이런 풍경을 만들어 낸다. 이내 눈이 조금씩 녹기 시작을 하면서 풍경의 묘미는 조금씩 무디어져 간다. 어린 시절에는 눈 속을 뛰어다니다가 마음이 내키면 눈사람을 만들고 친구끼리 눈싸움을 하기도 한다.

함박눈이 와서 눈이 잘 뭉치는 경우도 있지만 싸락눈이 와서 도무지 눈이 뭉쳐지지 않는 경우도 있다. 눈이 오면 바쁜 분들이 있다. 차량이 항상 다니는 고속도로나 국도엔 제설 차량이 간간이 보인다. 눈이 온다는 일기예보가 있으면 미리 관계자들은 제설 차량을 도로에 배치를 하나 보다.

차량이 많이 다니면 차 바퀴에 눈이 쌓일 틈이 없겠지만 눈이 많이 오게 되면 내리는 눈이 계속 쌓이게 되어 차량 운행이 힘들게 된다. 이때는 월동 장비를 갖춘 차량도 속수무책인 것이다. 제설 차량이 이때 큰 기능을 발휘하는 것이다. 긴 사각모양의 그릇처럼 생긴 기구를 차량 앞에 설치한다. 제설차의 사각모양 기구는 앞에서 보면 약간의 각도로 틀어져 있어 눈을 제거하면서 앞으로 전진을 하면서 도로 밖으로 눈을 쓸어 내는 기능을 할 것으로 보인다.

중부 지방의 경우는 겨울에 눈이 종종 내려서 이러한 제설 작업이 수월하게 이루어지지만 남부 지방 특히 제주도인 경우는 눈이 많이 내리지 않기에 한꺼번에 눈이 많이 올 경우엔 제설 작업에 애로를 겪는다고 뉴스에 가끔 나오기도 한다.

골목길의 경우엔 제설 차량이 다니기가 쉽지 않기에 주로 염화칼슘을 뿌리는 경우가 많다. 염화칼슘은 사용하기에 편리하지만 많이 뿌린 경우엔 염화칼슘 알갱이가 수분을 흡수하여 금방 눈은 액체로 변한다. 그 위로 차량이 지나가게 되면 차량의 하부에 염화칼슘이 녹은 액체가 묻게 되고 차량의 하체에 쉽게 녹이 슬 수 있는 환경이 된다.

그리고 염화칼슘이 녹은 액체 등은 하수구를 통하여 하천까지 내려

가는 경우도 있고 때로는 토양에 바로 흡수를 하는 경우도 있을 것이다. 이래저래 환경에 좋지 못한 영향을 미칠 것으로 생각된다. 요즈음엔 천연 재료를 사용하여 제설 작업을 하는 연구가 진행되고 있는 것 같아 반갑다. 일반 사회에서도 눈이 오면 이런 제설 작업이 우선시되는데 군의 경우는 작전 상황이 벌어질 것을 대비하여 도로는 항상 차량이 이동할 수 있는 상태로 유지가 되어야 하므로 눈이 오면 눈꽃의 절경보다는 제설 작업을 해야 하는 일거리가 생긴 것으로 여기기 쉽다.

군 내부에서부터 부대 인근 및 군 차량이 이동하는 길 등 이용이 많은 곳에서 제설 작업이 이루어진다. 큰 길에서는 제설 차량이 제설 작업을 하겠지만 웬만한 곳은 군인들이 직접 제설 작업을 실시한다. 전에는 싸리나무 빗자루를 이용하는데 그 빗자루 아래는 싸리나무로 위쪽은 대나무를 끼워서 싸리나무와 단단하게 묶는다.

대나무 부분을 양손으로 잡고 대나무 끝부분은 허리춤에 끼고 양팔은 고정을 하고 허리를 좌우로 움직이면서 빗질을 해 간다. 좌로 향하면서 눈을 쓸어 내고 우로 향하면서 눈을 쓸어 낸다. 이 상태로 약 20분 정도 제설 작업을 하면 머리에서 김이 나기 시작하면서 조금씩 땀이 나기 시작한다.

주로 눈은 밤에 내리는 경우가 많아 새벽에 제설 작업이 이루어지는데 아침 식사 전에 제설 작업은 마무리가 되는 경우가 있고, 눈이 많이 온 경우는 아침을 먹고 나서 오전 내내 제설 작업이 이루어지는 경우도 있다. 아침 일찍 아들에게서 전화가 온다. 인제에도 눈이 많이 왔다고 한다. 아침부터 제설 작업을 한다고 한다. 싸리나무 빗자루가 아닌

녹색 플라스틱으로 된 빗자루를 사용하고 검정색의 사각형 판으로 된 밀대를 사용하여 제설 작업을 한다고 한다.

예나 지금이나 제설 작업을 하는 것은 그대로인데 도구가 바뀐 것이다. 밤새 근무를 서고 아침에 제설 작업을 하면 피곤이 몰려오겠다. 아침을 먹고 쉬면서 하기를 바라지만 군이라 마음대로 될지는 모르겠다. 명절이라 근무보다는 쉬는 시간이 많을 것으로 생각이 되는데 시간을 유용하게 보내길 바란다. 국방부 시계는 잠을 자거나 밥 먹는 시간에도 제설 작업을 할 때도 지나갈 것이다. 군 생활하는 동안 건강하게 잘 지내길 바란다.

강원도에서 발생한 산불로 인해 출동을 하다

이번 주 토요일이 경칩이다. 경칩이란 이십사절기의 하나로 우수(雨水)와 춘분(春分) 사이이며 겨울잠을 자는 개구리나 벌레 등이 깨어서 꿈틀거리기 시작을 한다고 한다. 긴긴 겨울이 지나고 우수 경칩이 지나면 본격적으로 봄으로 볼 수 있는데 아직은 아침저녁으로 바람이 차다. 경칩이 지나고 약 10일 정도가 지나면 땅속에서 새싹이 나오지 않을까 기대를 해 본다. 요즈음 군에 간 아들로부터 연락이 뜸한데 혹한기 훈련을 받는다고 한다. 유사시 야외에서 전투를 하게 될 경우에 대비해서 하는 훈련일 것으로 짐작을 해 본다.

군인으로서 임무를 잘 수행하는 아들이 자랑스럽다. 강원도에서 산불이 많이 났다는 소식은 매스컴을 통해서 전해 듣는다. 서울 면적의 1/4 정도가 피해를 입었다고 하는데 속히 진화가 되기를 바란다. 봄을 앞두고 건조한 날씨가 계속된다. 만약 조그마한 불씨라도 있으면 금방 번지기 쉬운 것이다. 자연발화인지 누군가 방화를 하였는지는 정확히 모르지만 그 피해로 인해 국가적 손실이 어마어마하다고 한다.

단순히 나무가 소실되는 경우와 산 인근의 가정집과 국가시설이 소실되는 경우는 그 피해가 상당할 것으로 생각된다. 울진인근에서 일어난 산불이 한울원전으로 불길이 가고 있다고 하는데 해당 당국이 만전을 기하겠지만 이제 더 이상 불길이 번지지 않기를 바란다.

이 와중에 아들로부터 전화가 온다. 강원도 현리 부근에 산불진화를 하기 위해 출동을 한다고 한다. 얕은 생각으로는 산불진화는 소방서에서 하는 것이 아닌가 하는 생각이 드는데 군인과 산불진화가 무슨 연관이 있는지 궁금하게 된다.

아들의 이야기로는 군대 내에 있는 제독차의 주요 기능 중에는 물을 싣는 기능이 있다고 한다. 산불이 번지기 시작하니 군에서도 차량에 물을 실어서 지원을 하는 것으로 보인다. 하루는 출동을 하여 산불 진화에 투입이 되었다고 한다. 이번이 두 번째 출동 준비 중인데 출동을 하기 전에 잠시 시간을 내어서 전화를 하였다고 한다. 다행히 오늘은 비가 와서 대기만 하고 출동은 하지 않았다고 한다. 하늘이 도왔나 보다. 산불이 번지기 전에 비가 와서 자연 진화가 된 것이다. 강원도뿐만 아니라 서울의 구룡마을에도 화재가 났다고 한다. 인근에 있는 산으로 불길이 번지고 있다고 뉴스를 통하여 소식을 접하는데 피해가 적었으면 한다. 불은 화마(火魔)라는 표현을 사용하기도 하는데 이는 불을 마귀로 비유하는 말이기도 하다. 불길이 번지는 모습을 보면 마귀의 모습이 연상이 되기도 한다.

산불이 일어나면 바람의 반대 방향으로 향하고 낮은 자세로 산과 먼 곳의 밭과 논, 공터 등 안전 지대로 피신을 하고, 낙엽이나 나뭇가지 등의 인화 물질을 신속히 제거를 하고 만약 이웃이 있을 경우는 서로에게 알리고 대피를 한다고 대피 요령에 있지만 막상 현장에서는 당황하게 되고 이에 따라 피해를 고스란히 입게 되는 경우를 많이 보아 왔다. 이는 이론과 실제가 다를 것이기 때문일 것이다. 편안한 상태에서는 불이 나면 신고는 어떻게 하고 어떤 행동을 해야 하는지 머릿속에 그려지지만 막상 불이 나면 머릿속이 하얗게 되지 않을까 생각된다.

고속도로를 달리다 보면 산에 나무가 없는 경우를 보게 되는데 이는 과거 어느 날 산불이 있었던 것으로 추정을 할 수 있다. 이번 강원도를 비롯한 여러 장소에서의 산불이 속히 진화가 되기를 바라며, 진화 작업을 하시는 분들의 수고에 박수를 보내며 안녕과 무사를 기원해 본다.

비 오는 날과 훈련

오늘은 오전부터 비님이 온다. 강원도 산불이 일시에 진화가 되었으니 비가 아니고 '비님'이라 칭해 본다. 역대 이런 산불은 없었다고 한다. 피해 면적만 서울의 30% 이상이고 산불 시간이 약 200시간이라고 한다. 다행이 원전과 금강송의 피해는 최소화하였다고 한다. 산불진화에 애쓰신 소방당국과 관련된 분들의 수고가 많았을 것이다.

봄을 재촉하는 이번 비가 반갑다. 비가 오기 전 장시간 가문 탓에 건조해져서 산불이 날 수가 있고 이때 일어난 산불은 긴 시간 지속이 될 수도 있을 것으로 생각된다. 산불의 아픔을 딛고 그 대지에도 이번 봄에 싹이 돋아날지? 궁금하다. 아파트 단지 내의 이름 모를 나무에 싹을 틔우기 위해 웅크리고 있는 모습을 보게 된다. 살짝만 건드리면 입을 벌릴 것 같은 모습이다. 아마 성질 급한 봉우리들은 먼저 기지개를 켤 것으로 본다. 양재천의 수양버들의 가지는 제법 노란색으로 변하고 있다. 이제 곧 푸르름으로 변해 가는 출발점을 이미 지났는지도 모른다. 어쩌면 한 해가 100m의 거리라고 하면 지금은 약 10m쯤 달려가고 있을지도….

군에서 비가 오면 입는 옷으로 판초우의가 있다. 이는 망토식으로 되어있는데 등 뒤에 매는 배낭도 덮고 소지하고 있는 소총도 판초우의로 덮을 수 있다. 모자도 있었던 것으로 기억된다. 비가 많이 올 경우는 군화와 하의의 아래 부분은 비에 젖게 되지만 머리와 상체가 비에 젖지 않으면 그나마 판초우의의 성능이 좋은 것이다.

천과 천 사이는 실링을 하여 비가 새지 않게 하고 천 자체도 내수도 시험을 하게 되고 실링부분도 시험이라는 과정을 거쳐서 합격이 된 제품이 군에 납품이 될 것이다. 판초우의의 색은 초록색과 검정색의 중간쯤 되는데 보통 녹두색이나 올리브색 또는 국방색이라고 부른다. 이는 적의 시야에 덜 띄는 색상을 선택한 것으로 생각된다.

물론 야간에 적외선을 이용하는 야시경으로부터도 보호가 되는 제품일 것으로 생각된다. 전쟁 상황을 대비하여 우천 시에도 판초우의를 입고 훈련을 하는 경우도 있을 것이지만 보통 비가 오는 날에는 내무반 생활을 주로 할 것으로 생각되어진다. 선임들은 내무반 생활이 좋을 것이지만 후임들은 외부에서 훈련을 받는 것이 마음이 더 편할 때가 많을 것이다.

하지만 지금은 선임과 후임 간의 소통하는 빈도가 과거와는 다를 것으로 본다. 왜냐하면 핸드폰 사용이 가능한 상태에서 옆에 있는 전우보다 멀리 있는 친구나 지인들과 더 많은 소통을 할 것으로 생각한다. 대면보다는 비대면 소통을 더 좋아하는 세대인지도 모른다. 물리적인 거리로 이동을 하여 소통을 하는 것보다, SNS를 통하여 소통을 하기에 좋은 환경이라 편한 방법을 선호하는 것은 당연할 것이다.

비가 오는 날 군에 있는 아들도 내무반에 있는지 훈련을 받고 있는지 궁금하다. 한 번씩 메일로 이야기를 전할 때가 있는데 혹시나 하여 메일을 로그인하여 열어 본다. 아직은 별다른 소식이 없다. 무소식이 희소식이겠지 생각한다.

아니면 컴퓨터를 사용하기에 적당하지 않은 환경일지도 모른다. 만약 내무반에 있다면 충분한 휴식을 취하는 것이 좋을 것으로 생각되나 이 또한 내무반의 분위기를 봐야 할 것이다. 만약 훈련 중이라면 판초우의가 지급되었는지도 궁금하다. 머리와 상체만 비를 맞지 않아도 좋을 텐데….

당연히 판초우의가 지급되었을 것으로 보는데 괜한 생각을 하는 것은 아닌지 모르겠다.

지금 북한에서는 ICBM이라는 대륙간탄도미사일 발사 준비를 하고 있다고 매스컴을 통하여 보게 되는데 하루하루가 불안한 마음이다. 이제는 보다 강력한 국방력으로 도발의 억제력을 가졌으면 좋겠다. 평화는 그냥 얻어지는 것이 아닐 것이다. 안보가 있어야 경제도 있고 그의 결과로 평화가 뒤따를 것이다. 아들이 있는 군에서 하루하루 무사하기를 바란다. 비오는 날도 당연히 군복무 기간에 포함이 된다. 제대하는 그날까지 무사하기를….

화**대대 밴드에서 온 연락

아들로부터 연락이 없어 안부가 궁금한 차에 혹시나 해서 군 내부에서 만든 밴드에 최근에 무슨 소식이 있는지 궁금하여 몇 번 들어가 보았는데 소식이 없다. 하지만 이번에 소식이 있어 반가웠다.

이번에는 대대장님이 직접 소식을 전해 준 것이다. 내용은 아래와 같다.

안녕하십니까. 화**대대장 *** 중령입니다. 어느덧 차갑게 불어오던 겨울의 추위가 물러나고 완연한 봄이 다가옵니다. 부대 내에 표창에 관한 우수한 사례가 있어 전합니다.
첫째, 대대의 주임원사님이 안전지킴이 칭찬 부분에서 최우수자원으로 선발되어 군단장님으로부터 표창장을 받게 되었습니다. 간부 및 군 장병들과 항상 함께하며 위험한 일이 있을 때는 손수 직접 나서서 장병들이 부상을 당하지 않도록 최선을 다하시는 분입니다.

　부대장으로서 여러 간부님과 군 장병들이 안전하게 업무를 진행하고 있어 고맙게 생각하고 있습니다.

　둘째, *중대가 군단 웃음 사진 콘테스트에서 최우수상을 받게 되어 우리 대대의 명예를 높이는 계기가 되었음을 기쁘게 생각합니다. 부대 내에서도 우수한 사진을 뽑는데 우열을 가리기 힘들었습니다. 선정 과정에서 부대원들의 웃음을 보면서 부대장으로서 감사하고 흐뭇하였습니다. 보안으로 인해 사진을 업로드해 드리지 못해 송구하게 생각합니다. 부모님들께서도 같이 기뻐해 주시면 감사하겠습니다.

　아울러 기존에 부대 내에서는 군 장병들의 보람되고 활기찬 병영 생활을 하기 위해 여러 가지 행사를 진행하고 있음을 안내해 드립니다.

　첫째, MZ(밀리터리 즐거움) 리그인 풋살을 진행합니다.
　둘째, MZ 가왕전을 진행합니다.

　부대원들의 흥을 돋우고 사기 진작을 위해 마련한 행사입니다. 현재 코로나 19로 인해 진행에 있어 약간의 어려움이 있는데 상황을 고려하여 진행할 예정입니다. 과업을 진행할 땐 열심히 하고 쉴 땐 쉬는 즐거운 부대 분위기를 만들기 위해 대대장으로서 최선의 노력을 다하겠습니다.

　아울러 확진자가 증가하고 있는 추세이므로 면회 등이 제한되고 있음을 양지하여 주시기 바랍니다. 부대 내에서도 코로나 19를 대비하여 최선을 다하고 있음을 이해해 주시기 바라며, 군 장병들이 건강하게 군복무를 할 수 있도록 열심히 관리를 하겠습니다. 감사합니다.

　마지막으로 부모님들께서도 가정에 건강과 행복이 넘치시기를 기원드립니다.

-유쾌! 상쾌! 통쾌! 화**대대 파이팅!-

대대장님이 작성하신 글을 약간의 편집을 하였습니다. 내용보다는 대대장님이 바쁘실 텐데 직접 작성하신 글에 대해 진심으로 감사드립니다. 안전한 부대의 운영과 군 장병들의 건강과 보람찬 병영 생활을 위해 노력하고 계신 것을 부모로서 긍정적으로 느낄 수 있는 계기가 되리라 생각합니다. 지면으로나마 고맙다는 말씀을 전해 드리고 싶습니다. 보안상 대대명과 대대장님의 존함을 **로 처리함을 안타깝게 생각합니다. 앞으로도 멋진 대대장님으로 남으시길 바라며, 타 부대에도 귀감이 되었으면 하는 바람을 가져 보며, 앞으로 하시는 일 모두 승승장구하시길 기원드립니다. 이 글을 통해 아들의 안녕도 기대하고 군복무에 열심인 대한민국 아들들 모두 파이팅하시길 바랍니다.

밴드 글의 댓글을 소개하면 다음과 같다.

***엄마
***원사님 축하드려요. ~ 어떤 웃음사진이 최우수상을 받았는지 궁금해요. 파이팅!

***어머니
진짜 진짜 너무 축하드립니다.

상병***맘

기다리고 기다리던 **대대 소식을 올려 주셔서 감사드립니다. ***원사님 최우수상 받은 것 축하드립니다.

우리 아들들 최우수로 선정된 사진을 볼 수 없음에 많이 안타깝지만 자세히 적어 주신 글로라도 감사하게 생각합니다.

***대대장 님과 더불어 **대대 모든 부대원들의 건강을 기원합니다.

**아버지
축하드립니다^^. ***원사님 표창 수여 진심으로 축하드립니다. 부대 간부님들 모두 부대원들을 위해 애쓰시는 모습에 감사드립니다. 모두 즐겁게 지내시길 바랍니다.

***부
좋은 소식 전해 주셔서 감사드립니다. 원사님 축하드립니다. 장병들이 아프지 않도록 잘 관리하겠다는 대대장님의 말씀에 고맙고 고개가 숙여집니다.

***부 애국자
부대 내 수상의 기쁨에 우리 모두 누리며 주임원사 님 축하드리고 멋지십니다. 우리 아들들 웃는 모습 상상만 해도 행복합니다. 우리 아들들 안전과 건강에 신경 써 주셔서 감사합니다. 화**대 대원 모두 파이팅!

***부 애국자님 답글 ***맘
안녕하세요.^^

함께 기도하는 마음으로 든든하고 감사합니다.~ 우리 멋진 **군도 제대가 얼마 안 남았죠. 남은 시간도 더욱 힘을 내어 안전한 군 생활이 되길 힘 모아 기도합니다.^^

부대에서 보내 온 소식에 모든 부모님들은 건강하게 군 생활하기를 바라는 한결같은 마음으로 댓글을 달아 봅니다. 좋은 분위기를 만들어 주신 대대장님께 고맙고 같은 부대에서 군복무를 하는 아들을 둔 모든 부모님들의 따뜻하고 넉넉한 마음이 그저 고맙습니다. 건강하시길 기원합니다.

화**대대 *중대 밴드에서 아들의 소식을

아들이 복무하고 있는 대대에서 운영하는 밴드에 올라와 있는 사진을 확인한다. 분명 아들의 사진이다. 중대 내의 벚꽃 아래에서 찍은 사진을 본 것이다.

씩씩하고 늠름한 모습이다. 사진 속의 다양한 포즈, 다양한 구성 등이 좋다. 다만 아들의 모습이 작게 보여서 조금은 아쉽다.

'안녕하십니까 *중대 *소대장 중위 ***입니다. 추운 겨울이 지나고 싱그러운 봄이 찾아왔습니다. 좋은 날씨 속에 봄바람도 부니 장병들의 마음을 위로하기 위해 부대 내에 핀 벚꽃 아래에서 소대별로 사진 촬영을 하였습니다. 사진 속의 벚꽃처럼 활짝 웃으며 즐거운 병영 생활을 할 수 있도록 부대 내의 간부들 모두 최선을 다하고 있으며, 앞으로도 자주 아들들의 소식을 전하도록 하겠습니다. 부모님의 가정에 평화와 행복이 가득하길 바랍니다.'

부대 내 소대장님이 올려 주신 사진을 확인한다. 각자 자유스러운 표정이며, 사진 촬영 시 점프를 하는 모습, 손바닥 위에 부대원의 모습이 올라가 있게 연출한 모습 등이 좋아 보이고 벚꽃의 밝은 모습과 아울러 아들들의 표정 또한 밝아 보여 한결 안심이 된다. 부모님들도 댓글을 달아서 고마움과 감사함을 표현한다.

이**맘

꽃도 예쁘고 아들들도 예쁘고 고맙습니다. 씩씩하고 건강하게 지내고 있는 것 같아 한결 마음이 놓입니다. 감사합니다.

노**맘

오랜만에 아들들의 얼굴을 보게 되니 기분이 좋아지고 감사하게 생각합니다. 입대할 때는 1월이었는데 어느새 시간이 흘러 벚꽃이 활짝 핀 봄이 되었네요. 아들들이 부족한 점이 있더라도 단체 생활에서 많은 것을 배울 수 있고 건강한 모습으로 병영 생활을 잘 마칠 수 있도록 많은 지도를 부탁드립니다.

권**맘

어쩌면~ 이렇게나 대견할까요? 우리 아들들의 사진을 보면서 저절로 힐링이 됩니다. 감사합니다. 아들들 모두 건강하게 지내고 있는 것 같아 흐뭇하고 고맙습니다.

   화**대대 가족 모두모두 건강하시고 댁내 행복과 행운이 가득하시길 기원합니다.

우리 막둥이 ***님
   감사합니다. 그립고 보고 싶은 아들의 얼굴을 보니 가슴이 트이고 마음이 편해집니다. 걱정이 줄어드는 것 같아 군간부님께 감사드립니다. 병영생활 마무리할 때까지 즐거운 생활하시길 기원합니다. 고맙습니다. 파이팅!

이**맘
   감사합니다. 사진이나마 우리 아들들을 보니 오늘 하루 쌓인 피로가 눈 녹듯 풀립니다. 건강한 모습으로 잘 지내길 두 손 모아 기도하고 싶습니다. 고맙습니다.

안**부
   우리 아들들의 사진을 올려 주셔서 너무 감사합니다. 벚꽃보다 멋지고 늠름한 우리 아들들 모두 모두 파이팅!
   그리고 한 가지 건의를 드리고자 합니다.
   벚꽃도 예쁘고 멋있는데 우리 아들들 얼굴이 크게 나온 사진이 있으시면 한두 장 정도 추가로 보내 주시면 감사하겠습니다. 아마 다른 부모님들도 같은 마음일 것입니다. 고맙습니다.

진**부

네 감사합니다.

아들들의 늠름한 사진을 보니 기쁘네요. 간부님들의 노고에 감사함을 표시하고 싶습니다. 하루의 피로가 모두 풀리는 기분입니다. 고맙습니다.

서**맘

아들들의 웃는 얼굴을 보니 우리도 즐겁고 좋습니다. 사진을 올려 주셔서 감사합니다. 모두모두 파이팅!

임**맘

감사합니다. 우리 아들들의 건강하고 씩씩한 모습을 보니 너무 행복합니다. 고맙습니다.

~ 중략.

부대에서 올려 준 사진으로 인해 부모님들 모두 흐뭇해하신다. 다시 한번 더 부대 내의 간부님들께 감사함을 전합니다.

시간은 흘러 여름을 앞둔 5월 말인데 아들의 소식이 또 궁금해진다. 혹시나 하여 군 밴드에 다시 들어가 본다. 뭔가의 소식이 있다. 다행이다. 집필하고 있는 지금 시간을 기준으로 하여 4시간 전에 군 밴드를 통하여 장병들의 소식을 중대장 ***대위님이 보내 주셨는데 고맙다.

'지난 4월에 *중대 용사인 ***어머니 편을 통해 위문편지를 받았습니다. 모두들 편지를 받고 더욱 힘이 나고 하루를 즐겁고 웃으면서 보낼 수 있어 감사를 드립니다. 몇몇 장병들은 답장도 써서 보낼 수가 있어 다행입니다. 중대원 모두 감사의 표현을 꼭 전하고 싶다고 하여 이렇게 글을 적게 됩니다. 밴드에 글을 올리게 되면 보안성 검토를 하게 되는데 다소 업로드가 늦게 되어 매번 죄송스럽게 생각합니다. 그럼에도 불구하고 앞으로도 꾸준히 소식을 전해 드리도록 노력하고자 합니다. 감사드립니다. 오늘 하루도 보람되고 즐겁게 보내시길 바랍니다.'

밴드 글의 아래에는 몇 장의 사진이 보인다. 교육장처럼 생긴 장소에서 장병들이 앉아서 각자 편지를 손에 들고 읽고 있는 사진과 편지의 내용이 올라와 있다. 장병들 사이에서 찾아보는 아들 모습도 있어 무척이나 반갑다. 손에 든 편지는 위문편지로 보이는데 '손자에게 ~할머니로부터'라고 적힌 편지가 여러 장 보인다. 내용을 보면 '군 생활이 힘들지만 단체 생활을 하는 가운데 마음의 성장이 많이 될 것이고, ~중략~ 나라를 지켜 주는 군 장병들이 있어 우리는 편하게 잘 지낸다. 고맙게 생각한다'라고 하는 내용의 글이다.

군에서의 위문편지는 초등학교 시절에 편지를 작성한 기억이 난다. '군인 아저씨께 ~ 저는 **초등학교에 다니는 ***입니다'로 시작하여 '군인 아저씨가 나라를 지켜 주셔서 감사합니다'로 마무리한다. 요즈음 SNS가 발달하였지만 편지는 역시 손편지가 정감이 가는 것 같다. 사진으로나마 아들의 모습을 볼 수 있도록 해 주신 ***중대장님께 감사함을 표현하여 본다.

*** 부

훈훈하고 따뜻한 편지 잘 보았습니다.

아들들의 늠름한 모습을 보니 든든합니다.

*** 모

아들의 사진을 올려 주셔서 감사합니다.

늘 부대의 안녕을 기원합니다. 고맙습니다.

~ 중략.

요즈음은 SNS가 발달하여 군대와 부모가 수시로 소통을 할 수 있어 다행이다. 아들의 소식을 자주 접하고, 부대 내의 상황을 일부나마 알게 되어 한결 안심이 된다. 어느새 벚꽃은 지고 있지만 아들들의 미소는 지속이 되길 바라고 군복무하는 아들들 모두 건강하고 보람찬 병영생활이 되기를 바란다.

군 생활 잘하고 있으리라 생각은 하지만

새벽 4시에는 신문이 오는 시간이다. 오늘은 어떤 소식이 올까 궁금하여 잠을 깨게 된다. 주로 눈길이 많이 가는 기사는 군대와 관련한 기사이다. 아들이 군에 가기 전에는 큰 글씨만 보았는데 이제는 내용을 모두 읽게 된다. 특히 북한과 관련된 기사는 더 자세하게 읽게 된다. 과거의 기억을 더듬어 보면 정권이 바뀌는 시기가 되면 북한에서 도발을 한 적이 있었는데 이제는 도발이 없기를 바라는데 어떤 상황이 될지 신경이 쓰이는 것이 사실이다.

오늘 아침 신문기사에는 모 군대에 관한 이야기가 눈에 띈다. 병사들 간에 평소와는 다른 행위를 한 것을 기사화한 것 같은데 군복무를 하고 있는 아들이 생각난다. 요즈음 군대는 다르다고 하지만 그래도 노파심에서 보면 분명 사회와는 다를 것인데….

군복무를 잘하고 있으리라 생각은 하지만 그래도 아들의 안부가 궁금하다. 특별한 일이 있으면 연락을 하겠지만 잘 지내고 있어서 연락을 하지 않을지도 모르고 아니면 훈련 중이라 연락을 하기가 힘든 상황일지도 모른다. 이제는 제대를 하려면 거의 6개월 전체 군 생활에서 약 1/3이 남았다.

과거 내가 군복무할 때를 생각하면 '거꾸로 매달려 있어도 국방부시계는 간다'라는 말이 있는데 그만큼 군 생활이 힘들어도 참고 지내면 지나간다는 의미로 이해하고 시간은 느리게 간 것으로 기억된다. 어쩌면 자는 시간이 제일 시간이 잘 가는 것 같았다. 병과에 따라 사회와 가까운 곳에서 근무를 할 경우엔 사회에서의 생활과 비교가 되어 무척이나 힘든 시간이 될 수도 있고, 아니면 사회와는 거리가 먼 곳에서 근무를 할 경우에는 군 내부에서의 생활이 전부라고 생각하면 오히려 시간이 잘 가는 경우도 있을 것이다.

지금 이 시간에도 국방부 시계는 갈 것이지만 아들의 목소리가 듣고 싶고 모습이 보고 싶다. 어쩌면 아들의 입장에서는 연락을 자주 하면

집이 더 그리울 수도 있기 때문에 연락을 자주 하지 않을 수도 있을 것이다. 군 내부 생활에 집중을 하다 보면 더 시간이 잘 갈지도 모른다. 지금 이 순간 바라는 것은 아들의 안녕이다. 아들이 보고 싶어도 아들이 전화가 올 때까지 기다리는 것이 좋을 것 같다. 아들 나름대로 생각을 정리하고 몸을 단련하는 시간이 더욱더 보람된 시간이 될지도 모른다. 무소식이 희소식이길 기대하면서 기다려 본다.

 아들의 군 생활 기간 아들의 성장보다 내가 더 성장을 하는 것 같다. 기다림에 대해 배우고 할 수 있는 일과 할 수 없는 일을 구분할 수 있는 지혜가 길러지면 좋으련만….

 잠시 아들의 부대 앞이 눈앞에 그려진다. 면회 시 들어갔던 면회실이 생각난다. 면회가 끝나고 부대 내로 들어가는 아들의 뒷모습도 기억이 난다. 지난번에는 군복을 입었고 검정색 군화를 신었고 베레모를 착용한 것으로 기억된다.

 혹시 코로나19로 인한 통제가 풀리게 되면 아들에게 면회를 갈 수도 있을 것이다. 힘들어도 하루하루 잘 견디고 모든 국군장병 여러분의 안녕을 기원하며 의미 있고 보람된 군 생활이 되기를 바란다.

어머니 아버지 잘 키워 주셔서 감사합니다

오늘은 음력 사월 초파일 부처님 오신 날이자 양력 오월 초파일 어버이날이다. 약간의 흐린 날씨이고 다른 날과 다르게 약간의 바람이 있고 꼭 추위를 앞둔 가을 날씨 같다. 아직 코로나 19가 있지만 불교 행사는 지속되는 것 같다. 경기도 화성시 서신면에 위치한 '홍법사'라는 절에 찾아가게 된다.

홍법사는 조선왕조 광해군 3년에 창건되었다. 여기 홍법사에는 남양 홍씨 가문의 홍초시 딸 홍랑이 미인이었는데 명나라에 끌려가게 되고 천자의 후궁이 되는데 조선에서 가지고 간 음식만 먹고 그 후 금식을 하다가 죽게 된다. 그 이후 천자의 꿈속에 나타나서 자신의 모습과 똑같은 부처를 만들어 고향에 보내 주고 자신을 위해 절을 짓도록 해 달라고 요청하여 절을 짓게 되었다는 유래가 전해지고 있다. 이 절에는 '성은 주지스님'이 대웅전을 건축하는 등 불자들의 마음을 위로하고 설법을 전파하고 계시는데 따뜻한 마음과 선한 생각이 많은 분으로 알려져 있다. 10시에 법회가 있다고 하는데 일찍 도착을 하여 절의 내부를 둘러보게 된다. 아직은 코로나 19로 예년만큼 사람들이 많이 모이지는 않은 것 같다.

이때 전화벨 소리가 울린다. 누구지? 핸드폰 화면을 보는 순간 입꼬리가 귀에 닿는 느낌이다. 군복무를 하고 있는 아들의 전화인 것이다.

오늘은 일요일이자 어버이날이라 전화를 한 것으로 보인다. 목소리가 편하게 들린다. 아직은 훈련이 없어서 하루 일과를 평이하게 보낸다고 한다. 곧 훈련이 시작되는데 그때까지는 큰 어려움이 없을 것 같다고 한다. 다행이다.

어버이날 전화 한 통이 이렇게 마음을 기쁘게 하는가?

이제 제대가 몇 개월 남지 않았는데 휴가를 언제 나올지 궁금해지는데 물어보지 못하였다. 여러 가지 사정이 있을 것으로 생각한다. 제대까지는 약 21일의 휴가가 남았다고 하는데 적어도 3번의 휴가가 나오지 않을까 기대해 본다. 군에 간 아들의 보고픔은 처음 입대를 할 때나 지금 병장을 앞둔 때나 마찬가지인 것 같다. 다만 차이가 있다면 처음 입대 때는 군 생활에 잘 적응을 할 수 있을까라는 걱정이 있었고 지금은 연락이 없을 때는 '군 내부의 상황에 따라 적응을 해야 해서 그런가 보다'라고 생각을 해 보지만 보고픔은 똑같다. 아들과의 전화 통화에서 스피커폰으로 하여 전화기 외부로 소리가 나게 한다. 아내와 같이 통화를 하고 싶어서 그런 것이다. 오늘은 어버이날이라 아내는 아들로부터 뭔가 원하는 말을 듣고자 하는 것 같다. 아들은 쑥스럽지만 표현을 한다.

"어머니 아버지 잘 키워 주셔서 고맙습니다."

요즈음 군에 간 아들의 안부를 확인하는 일보다 더 값진 일은 없을 것 같다. 전화 한 통, 한 줄의 카카오톡 글 모두 모두 소중하다. 전화 통화를 할 때는 항상 녹음을 진행한다. 짧은 시간의 통화이지만 나중에 아들의 목소리가 듣고 싶을 때는 다시 들을 수 있기 때문이다. 편안하게 들리는 아들의 목소리가 너무너무 반갑다. 사랑하는 아들아! 몇 달 남지 않은 군복무하는 동안 건강하게 지내기를 바라고 이 시간에도 나라를 지키는 국군장병 여러분의 노고를 치하하며 무사히 전역하기를 바랍니다.

극한 체험을 두께비와 함께

오랜만에 아들에게서 전화가 온다. 군대 내 훈련 중이라 시간이 바빴나 보다. 아들은 잘 지낸다고 하면서 며칠 전 경험한 이야기를 한다. 자세한 이야기는 메일로 확인할 것을 요청한다. 요즈음에는 훈련 주간이라고 한다. 사회에서는 겪어 보지 못하는 군사훈련을 통해 극한 체험을 하였다고 한다. 경험해 보지 못한 체험이라 힘이 들었을 것으로 생각한다. 이런 훈련을 통하여 성장하는 계기가 되겠지만 아버지로서 짠한 느낌은 감출 수가 없다. 아래는 아들이 보낸 메일 내용을 옮겨 본다.

이번 주는 훈련을 했어요. 국지도발이라는 훈련인데 인터넷에 치면 공개되어 있어요. 소수의 인원이 적이 침투할 때 미리 진지를 구축해서 적이 오길 기다리는 작전이에요. 이번 주 월요일과 화요일에는 아침 9시부터 계속 대기를 하고 있다가 오후 1시쯤에 진지에 가 보고 17시쯤에 복귀했어요. 수요일은 장구류를 준비하여 생활관에서 계속 오후 4시까지 계속 대기를 하였어요. (진짜 가는 것인가? 하는 생각이 들 정도로요) 기다리다가 드디어 수송차를 타고 출발했어요. 도착해서도 1시간을 서서 기다린 것 같아요. 타 부대와 합류를 해야 하는데 그

부대가 아직 안 와서 기다려야 했어요.

 그 이유는 진지 만들 위치를 정확히 무전기를 통해 교신하면서 파악해야 하는데 아직 미정이었어요. 긴장을 하면서 19시 정도 되어서 진지로 이동을 하였어요. 아직은 해가 있어서 원활한 작전 수행을 위해 진지를 살피고 긴장을 하였어요. 일기예보를 보니 그날은 비가 온다고 하니 최악의 경우를 대비하여 준비한 판초우의를 이용하여 진지의 위쪽을 가리고, 아래쪽은 모포를 이용해 바닥에 깔았어요.

 바닥엔 낙엽들이 많이 쌓여져 있고, 동물 배설물로 보이는 것들도 보였어요. 이런 곳에 내가 앉아 있을 수 있을까? 하는 정도였어요. 주변을 삽으로 정리하고 어느 정도 진지를 만들고 앉아서 대기하기 시작했어요. 진지의 옆은 민간인이 지나가는 인도에 벚꽃나무가 보이고, 차도에는 민간인 차량이 지나가는 모습도 보이는 약간의 경사가 진 언덕이 보이는 곳입니다. 작전 수행을 위해 간부 1명, 후임병 1명과 같이 진지 속에서 대기합니다.

 어느새 해는 지고 밤이 되니 주위는 금방 깜깜해지고 주위가 거의 보이질 않았습니다. 인근이 시골마을이라 그나마 가로수 나무만 보일 뿐입니다. 판초우의를 걸친 연두색 울타리 너머에 있던 민간인 주택의 불빛도 하나둘씩 꺼지자 주위는 더 이상 아무것도 보이지 않은 암흑이었어요. 칠흑 같은 어둠 속에서 작전 수행을 하고 있는데 갑자기 비가 오기 시작했어요. 오후 10시쯤에는 비가 한두 방울씩 내리더니 새벽엔 거의 폭우처럼 쏟아졌어요. 다행히 처음에 우의를 입어서 몸이 많이 젖진 않았어요. 그런데 우의엔 송풍구멍이 있는데 거기로 물이 들어오는 것이에요.

계속 비가 오다 보니 천장으로 덮은 판초우의 가운데에 물이 차서 곧 무너져 버릴 것 같았어요. 그래서 5분마다 계속 총 끝으로 위를 툭툭 쳐내어 빗물을 바깥으로 밀어냈어요. 시간이 지나면서 작전은 계속되고 간부님과 후임병과 함께 새는 비를 막아내는 데 전력을 다했습니다. 그래도 계속 내리는 빗물을 완전히 막는 것은 힘이 들었고 조금씩 진지에 물이 차기 시작하였고 모포는 축축해지게 되면서 발도 젖은 상태가 되었습니다.

또 저는 휴대하고 있던 무전기가 빗물에 젖는 것을 막기 위해 무전기를 판초우의 안쪽으로 하고 내 어깨와 다리는 천장 바깥쪽으로 조금 나와 있어서 계속 비를 맞았어요. 작전 수행 중에 저는 부대 본부에 1시간마다 특이사항을 보고해야 했고, 대항군이 나올까 봐 (비가 와서 오지 않기를 바라면서) 긴장의 끈은 놓지를 않았습니다. 소대장님과 후임병 모두 힘을 합쳐서 작전을 수행하는데 서로 간 많은 의지가 되었습니다. 시간은 흘러 새벽 3시까지 잘 깨어 있다가 저도 더 이상 못 버텼는지 깜빡 졸았거든요. 그런데 갑자기 누군가 발을 툭툭 치는 느낌이 들었어요. 전 소대장님이 저를 깨운 줄 알았어요. 그런데 눈을 떠보니 검은색의 주먹만 한 뭔가가 제 발목 위에 있는 것이에요.

"소대장님! 소대장님! 제 발목에 이상한 것이 있습니다." 다급한 목소리에 소대장님은 즉시 플래시를 켜서 비춰 보니까 진짜 주먹만 한 두꺼비가 제 발목 위에 앉아 있는 것이었어요. (그 두꺼비는 저의 오른쪽에 있었던 후임병이 먼저 보았는데 무서워서 아무 말도 못하고 있다가 간부님을 거쳐서 저한테 온 것 같아요. 으악!)

저는 차마 소리는 못 지르고 입을 닫은 채 속으로 고함을 질렀어요. 진지 바닥에 물이 차오르니 두꺼비도 살기 위해 뭔가에 올라온 것 같

아요. 그때부터 오는 잠은 사라졌고 저는 그날 닭이 더 이상 울지 않을 때까지 계속 깨어 있었어요.~

아침이 밝아 오자 주위는 밝아졌지만 구축한 진지의 위치는 산에 가려져 있어서 아직 추웠어요. 사실 새벽까지 추워서 뜬눈으로 밤을 보냈어요. 5월의 날씨가 이렇게 추운 것이 처음인데 비 맞으면서 외부에 있는 동안은 거의 혹한기 같았어요. 아침 7시쯤에 관련 간부님이 차를 몰고 와서 아침밥을 주시고 갔어요. 작전을 수행한 저를 비롯한 3명은 꿀맛 같은 밥을 맛있게 먹고 오전 10시까지 몸을 말리다가 드디어 상황이 종료되어서 다시 관련 수송차를 타고 본부대로 귀대했답니다.~~~ 작전 임무를 서로 도우면서 수행한 간부님과 후임병 모두 고생하였습니다. 이번 경험은 앞으로 두고두고 기억에 오래 남을 것 같아요.

밤새 비가 오는 가운데 두꺼비가 발목 위에 올라오고 칠흑 같은 어둠 속에서 등을 기댈 곳이 없는 진지 속에서 밤을 지새우면서 지내다니 놀라기도 하고 너무 끔찍한 경험이었어요. 작전 임무 수행 후 부대장님의 배려로 월요일까진 휴식을 할 수가 있다고 합니다. 다행입니다. 작전 중 잠을 자지 못하여 오늘은 낮에 계속 잤어요. 그래도 아직 피곤하지만 정신력으로 메일을 보냅니다.

조금 전에 군 내부에 있는 헬스장에 갔는데 피곤하여 1세트도 못 하고 왔어요. 그냥 푹 쉬려고요. 코로나 19로 군사 훈련을 제대로 실시하지 못하였는데 이번에 제대로 훈련을 받은 것 같아요. 이제 진짜 군인이 되어 가는 것 같아요. 다음은 어떤 훈련이 있을지 성실히 훈련을 받으려고 합니다. 이런 훈련이 우리 군의 전투력을 높이는 것으로 생각을 하면서 잠시 휴식을 취하려고 합니다.

 그동안 코로나 19로 인해 군 내부에서는 훈련에 대해서 선별적으로 하였을 것으로 생각된다. 이제는 사회적으로도 코로나 19에 대한 사회적 통념으로 전보다는 많이 완화가 되고 있는 것 같다. 군대 내에서도 면회나 휴가가 전보다는 유연해진 것으로 보인다. 그동안 실시가 미루어졌던 각종 훈련들을 시작하는 것 같다. 계획된 훈련이 실시되고 진짜 군인임을 알게 해 주는 것일 것이다.

 군인은 훈련을 통하여 전투력이 길러지는 것은 당연한 일임을 알고 있는데 그 군인이 내 아들인 경우는 생각이 조금 달라지는 것은 무슨 이유인가? 요즈음도 북한에서는 ICBM과 같은 미사일을 동해상으로 발사를 한다. 무력 시위를 하여 긴장감을 높이고 있는데 혹시나 하는 마음에 가슴을 쓸어내리고 있다. 북한에서도 요즈음 코로나19로 힘든 상황이라고 매스컴에서 보았는데 미사일 쏘기 위해서는 몇 억의 비용이 발생할 텐데 이해하기 쉽지는 않지만 신문에서의 표현을 빌리자면 계속 '벼랑 끝 전술'을 행사하는 행동들이 안타깝게 생각된다. 그 미사일 쏘는 비용으로 코로나 19 예방과 치료를 위해 사용하면 훨씬 좋을 것으로 보이지만 정권을 유지하기 위한 행동들이 많은 사람들을 힘들게 하는 것같이 보여 안타깝다. 가슴속으로 더 느껴지는 것은 내 아들이 군에 가 있기 때문임은 숨길 수 없는 사실이다.
 국가에서는 급변하는 주변국들의 상황들에 예의 주시 하고 있다고 한다. 우리나라의 평화로운 상황이 지속되기를 바란다.

5 군 생활의 오아시스, 휴가와 면회

군대에 간 아들의 첫 휴가

얼마나 기다렸던가? 아들이 휴가를 나오게 된다. 정말 기쁜 날이다. 아들은 휴가의 출발을 알리는 강원도 인제에서 서울로 향하는 버스표를 사진으로 찍어서 카카오톡으로 보낸다. 내용을 보는 순간 눈시울이 붉어짐이 느껴진다. 군이라는 특수한 조직에서의 휴가는 나와야 나오는 것이라 이번 명절에 나올지는 의문이었다.

더더군다나 코로나 19 시국에 백신도 아직 맞질 않았는데 아들의 얼굴을 보다니 퇴근 후 아들과 포옹을 한다. 정말 기쁘다. 이보다 더 기쁠 수가 있을까? 아들은 휴가 나온 첫날엔 방에서 휴식을 취한다. 아들이 휴가 나오면 보내게 될 일정을 큰딸이 미리 계획을 세우게 된다. 기대가 되는 다음 날 '은평 한옥마을'에서 아들과 큰딸, 둘째 딸과 함께 보내게 된다. 날씨는 더할 나위 없이 좋다.

아내는 학교에서 행사가 있어 다른 일정으로 움직인다. 차를 타고 약 1시간이 지난 후에 은평한옥마을에 도착, 하나고등학교가 보이고 이윽고 한옥마을 공영주차장이 보인다. 보물 3(아이들 모두를 부르는 별칭)을 데리고 가다니 기쁘다. 꽉 찬 느낌이다. 진관사 입구에서 연신 찰칵찰칵, 소나무와 계곡 위의 대리석 다리 그리고 하늘, 구름 모두모두 장관이다. 드디어 진관사 내로 들어선다. 어디서 타는 내음과 우는 소리가 들린다.

어느 분이 돌아가셔서 옷가지를 태우나 보다. 깊은 울음소리를 들으니 아마 가까운 지인인 것으로 생각되어진다. 육신은 갔지만 혼은 절에 모시는 것으로 보인다. 한번 가면 다시는 돌아올 수 없는 길인데 사람들은 영원히 살 것처럼 행동하는 것이 때론 안타까울 때가 있다.

공부하기에 바쁜 큰딸이 동행을 해 주어서 고맙다. 좋은 날씨 아래서 큰딸의 핸드폰은 연신 찰깍찰깍, 둘째 딸은 바빠서 집 밖을 나서는 것이 드문 편인데 같이 동행해 줘서 고맙다. 진관사에서 내려와 식당으로 향한다. 큰딸이 봐 둔 식당, 현대식인데 먼저 주문한 음식 값을 계산하고 서빙 하는 사람이 별도로 없어 큰딸과 작은딸이 음식을 나른다. 음식의 양이 약간은 부족해 보이지만 잘 먹는 애들이 너무 고맙고 예쁘다.

식당에서 나와서 인근 카페에 간다. 북한산 전망이 좋은 5층 건물, 2층에도 가고 3층에도 가고 다시 5층에 가서 자리를 잡는다. 북한산이 바로 눈앞에 보이는데 장관이다. 카페의 옥상에는 한옥집도 있는데 북한산을 배경으로 하여 사진 찍기에 좋다. 연신 찰깍찰깍, 사진을 찍는 사이에 차와 디저트가 같이 나오는데 이것이 요즘의 추세인가 보다. 애들이 너무 좋아한다. 나도 덩달아 젊어진 듯하다.

카페에서 나와서 인근의 한옥 박물관에 들어선다. 대학생과 군인은 50% 할인이 되어 천 원이 싼 것인데 횡재한 듯한 느낌이다. 입구에 들어서자 은평뉴타운을 만들 당시의 설명이 있다. 은평뉴타운을 만들고 한옥마을을 만들 때 옛 유물이 나온 모양이다. 장신구, 그릇 등이 출토되고 유골모양의 사진도 보이는데 그 앞에서 발걸음을 멈춘다. 과거 선친께서는 젊은 시절 시골의 생활에서 농약 통을 짊어지시고 둑을 넘다가 넘어지셔서 다리에 골절상을 입었는데 지금 애들에게 할아버지의 다리에 골절이 있었던 일을 설명하는 내 모습에 놀란다. 선친이 많이 그리운가 보다.

박물관에서 나와서 한옥 마을을 걸으면서 어느 시인의 시를 전시하는 눈에 익은 한옥집으로 들어가서 둘러본다. '나 하늘로 돌아가리라 새벽빛 와닿으면~' 천상병 시인의 작품 및 다른 시인의 설치작품들도 보게 된다. 짧지만 강렬한 인상으로 남는다. 시인의 마음 폭과 깊이는 헤아리기가 힘들 것 같다. 약간의 특이한 생으로 보이고 그 당시 예술을 향한 열정은 모두 뛰어났던 것으로 보이며 지금 보아도 감명이 깊고 가슴속 울림이 있는 작품들을 보게 되어 행운이라 생각되고 고개가 숙여진다.

아쉬움을 뒤로 한 채 시인의 작품을 전시한 한옥집에서 나온다. 큰딸이 '북한산 제빵소'에 들러 외할아버지에게 드릴 빵을 사자고 한다. 그 사이 외할아버지를 생각했다니 기특하다. 애들의 마음이 예쁘다. 이런 마음으로 세상을 살아가면서 빛이 나기를 바란다. 뿌듯한 하루의 일정으로 약간의 피곤함을 뒤로 하고 발길을 집으로 향한다. 차량으로 약 1시간 걸리는 거리이다.

아내가 벌써 학교 일정을 마치고 집에 와 있다. 가볍게 저녁을 먹고 텐트 등 짐을 챙겨서 장인어른 댁으로 향한다. 오늘의 일정 중에서 두 번째 일정을 시작한다. 다행히 차량은 밀리지 않는다. 아이들의 외갓집에 도착하니 집 앞 야외조명등과 원두막에 있는 전구 등을 미리 켜 놓으셔서 전등 불빛이 우리들을 반긴다. 밤에 보는 모습이 더 좋다. 아들은 집 앞 야외조명과 원두막 전구 등을 처음 보았을 텐데 좋아한다. 공기가 좋고 시골의 여유가 느껴진다. 원두막에 텐트를 치고 아내와 큰딸은 텐트에서 잠을 잔다고 한다.
 아들과 나는 작은 방에서, 작은 딸은 큰 방에서 외할머니와 같이 잔다. 외갓집에서의 하룻밤이 아이들한테는 좋은 추억이 될 것 같다. 집이 동향이라 아침 해가 빨리 뜬다. 집 주위 잡초를 괭이로 제거한다. 아침을 일찍 먹고 서울로 향한다. 여독을 씻어 내기 위해 하루를 푹 쉰다. 다음 날 아침 양평에 있는 세미원, 두물머리에 간다. 세미원 초입에 물이 흐르는 냇가가 보인다. 냇가 가운데에 있는 돌 위를 걸어 안으로 향한다. 냇가의 가장자리에는 메타세콰이어가 심어져 있어서 한결 기풍이 느껴진다. 세미원 안쪽에는 연꽃 밭이 있는데 진흙 속에서 피는 연꽃은 지고 없지만, 잎은 아직 푸른 것이 장관이다.

 하늘은 맑고 바람도 적당한 날씨가 우리들을 반긴다. 항아리분수에서 물이 나오는 것이 장관인데 큰딸이 많이 좋아하며 연신 사진을 찍는다. 옛 서예가인 '추사 김정희'의 생애가 있는 어느 건물에서 34세에 과거에 급제를 하고 50대 후반에 유배를 가게 되고 과거에 지인으로부터 도움을 받게 되는데 이에 대한 고마움을 표현하고자 '세한도'를 그린 것이 지금의 '세한도'라 하는데 마음에 뭔가 느껴지는 것이 있다. 깊은 생각은 다음으로 미루고 밖으로 나온다.
 넓은 야외 정원에는 흙으로 만든 조각상과 국화를 소재로 한 소와 닭 모양 등 작품이 있다. 한마디로 예술이다. 잔디광장 위의 흰색 테이블 의자에 잠시 앉으니 넓은 정원의 주인이 된 듯 부유해진 느낌마저 들어서 사진에 담아 본다.

세미원에서 두물머리까지는 물이 흐르는데 물 위로 43척의 배다리를 만들어 놓았다. 예전에 임금이 강을 건너갈 때 배를 띄워서 그 위로 길을 만들었다고 하는데 마치 임금이 된 듯한 느낌으로 한 척 한 척 배 위를 걷는다. 도착한 두물머리는 또 다른 느낌이다. 우선 넓은 강이 눈에 들어와서 눈이 시원해진다. 어디선가 본 듯한 핫도그가 유명하다고 하는데 핫도그 가게를 찾았는데 줄이 길다. 그래서 다른 가게에서 유명하다는 핫도그를 구입한다. 생각보다 크기가 크다. 입으로는 맛이 있는데 인공맛을 내는 재료가 포함되어 있어 아들에게는 어떨지 약간 걱정도 된다. 큰딸의 아이디어로 핫도그 5개를 끝부분이 가운데로 향하게 하여 마치 꽃모양으로 들고 사진을 찍는데 모양이 예쁘다.

두물머리로 향하는 길이 예쁘고 사람 또한 많다. 햇살이 참 좋다. 메타세콰이어 5그루 밑의 여행객들이 편안하게 보인다. 사진 찍는 곳으로 액자 모양으로 되어 있는 곳이 있다. 이 앞에서 사진을 찍으려고 길게 줄을 서게 된다. 다른 때 같으면 줄을 서는 시간이 아까워서 다른 장소로 이동을 하였을 텐데 아들과 딸 모두 동행하여서 사람들의 뒤에 같이 줄을 서서 기다린다. 주로 단체 사진을 찍느라 얼마 기다리지 않아서 우리 차례가 온다.

식구 5명 중 1명이 사진을 찍으면 4명이 나오게 되는데 주저하고 있는 사이에 다른 분이 찍어 주겠다고 한다. 고맙다.

간만에 다섯 식구 가족 사진을 찍나 보다. 벌써 시간이 점심시간을 넘어간다. 아들이 선택한 간장게장 식당으로 향한다. 이를 어쩐다! 자리가 없나 보다. 식당 앞에는 사람들이 서 있는 줄이 보인다. 먼저 온 앞 팀 뒤에 줄을 선다. 이윽고 자리가 난다. 주문을 마치고 간장게장과 새우장을 시킨다. 잘 먹는 아이들이 고맙다. 약간의 피곤함이 있어서 그런지 카페에 가서 커피를 마시는 다음 일정은 다음으로 미루고 집으로 향한다.

약 1시간여 걸려 집으로 온다. 뿌듯한 마음을 어떻게 해야 할지, 꽉 찬 마음이 너무 좋다. 온 가족이 아들의 휴가에 맞추어 시간을 할애하고 같이 행복한 시간을 보내는 것이 얼마 만인가? 이런 모든 상황들이 고맙다.

추석 한가위를 아들과 함께

아들의 코로나 19 검사를 받기 위해 아침 일찍 추석 차례를 지낸다. 아들을 코엑스에 데려다 준다. PCR(유전자증폭)검사를 받아서 음성이 나온 결과를 부대에 제출을 해야 한다고 한다. 8시 30분경에 코엑스 앞에 갔는데 아직은 줄을 서 있는 사람이 없다.

9시가 가까워 오자 사람들이 몰려오고 이내 긴 줄이 되었다. 아들은 오래 기다리지 않고 9시에 바로 검사를 받을 수 있어 다행이다. 아들은 이내 집으로 돌아온다. 아침을 먹고 처가로 차를 향한다. 보통 때는 경기도 화성시 봉담 부근에서 차가 밀리는데 이번엔 다르다. 약 1시간만에 도착하고 이내 아들은 군복을 입고 외할아버지와 외할머니께 거수경례와 큰절을 한다. 절을 하는 모습이 기특하고 흐뭇하다.

모두들 모인 자리에서 큰딸이 준비한 지난날의 사진들을 엮은 영상을 노트북 화면으로 모두 함께 관람한다. 약 20년 전의 사진에서 최근에 찍은 사진까지 편집을 하여 글을 보태어 정성을 들여 동영상을 만들었다. 각자 본인 사진이 나올 때는 환호 소리를 낸다. 큰딸이 수고를 하여 모두들 즐거운 시간을 보낸다. 큰딸의 마음이 모두에게 전달되기를 바란다. 금방 점심을 먹을 시간이 다가온다. 식구가 15명이어서 상 준비를 양쪽으로 한다. 어른과 아이들의 점심상이 별도로 차려진다. 아이들끼리 서로의 이야기를 나눌 수 있을 것 같아 좋아 보인다.
　간만에 모두 모여서 덕담도 주고받고 하여 분위기가 좋다. 여럿이서 먹는 식사시간이 즐겁다. 야외 테이블을 집 앞 잔디 위로 옮기니 아이들이 여기 앉아 평소에 나누지 못했던 이야기들을 나누는 모습이 보기에 좋다. 장모님이 원두막까지 올라가시지 않으셔도 앞마당으로 바로 나오셔서 테이블에 앉아서 쉴 수도 있을 것 같다. 점심 후 애들 6명을 태우고 인근에 있는 향남신도시 내의 설빙 가게로 간다. 큰딸에게 카드를 주고 설빙을 사서 오게 한다. 4통을 구입했나 보다. 모두 차에 타고 다시 화성시 양감면으로 향한다. 야외 테이블에서 모여 다들 맛있게 먹는 모습을 보니 기분이 좋다.

　강아지도 먹고 싶은지 옆에 와서 기웃기웃한다. 어쩌면 산책을 하고 싶어서 그런지도 모르겠다. 아들은 강아지를 데리고 산책을 나간다. 강아지는 좋은지 연신 꼬리를 흔든다. 설빙을 먹는 분위기는 화기애애하고 다들 표정이 밝아서 좋다. 즐겁게 얘기를 나누는 동안 시간은 흘러 저녁이 되었다. 저녁 식사는 원두막에 차려진다. 반찬의 양보다는 야외에서 먹으니 밥맛이 더 좋다.

마을 건너 초록산에는 서향이라 아직 햇살이 비친다. 저녁에 노을이 있어 분위기가 좋고 전망 또한 좋다. 아쉽지만 저녁 석양을 뒤로 한 채 아내, 큰딸, 작은딸, 아들과 같이 차를 타고 서울로 향한다. 떠나기 전 큰딸의 동영상 촬영을 다시 보시는데 서울로 향하는 외손자의 떠남이 못내 아쉬우신가 보다. 외손자와 함께 걷는 모습 속에서 세월이 무상하게 허리가 그만 휘어지게 보이신다. 내일이면 부대에 복귀를 해야 해서 더욱 마음이 그러셨나 보다. 아쉽지만 다음을 기약한다. 모두들 건강하시길 바랍니다.

아들이 귀대하는 날

아들의 휴가가 금방 지나간다. 오늘 귀대하는 아들의 군복을 다리미로 다린다. 바지의 주름도 펴고 어깨선에 줄도 잡는다. 왠지 모르게 눈가가 붉어짐을 느낀다. 또 아들은 군에 가야 한다. 이제 1년이면 제대를 하니 견디자라고 하는데 느낌이 다르다. 아내는 부엌에서 아들에게 주려고 깻잎 반찬을 하는데 경건해졌다고 한다. 아마 같은 마음일 것으로 생각한다. 오늘은 귀대하는 날로 아침 일찍 차는 속초로 향한다. 아파트 주차장에는 10시가 넘었는데도 차가 많다. 갑자기 비가 쏟아진다. 날씨가 왜 이러지? 아들이 떠나야 하는 마음의 표현일까? 어느새 차량은 올림픽도로를 지나 춘천으로 향한다.

오던 비는 언제 그랬냐는 식으로 그치고 날씨가 맑아진다. 서울 양양

간 고속도로를 차가 미끄러지듯 달린다. 옆자리에 앉은 아들은 오늘 귀대를 하려고 하니 지난 4월 처음 입대를 할 때의 마음과 비슷하다고 한다. 입대할 때는 군대의 생활을 아직 몰랐고 지금은 군대의 생활을 안 상태라 마음이 더 그럴지도 모른다. 피곤한지 이내 잠이 든 아들의 모습을 보는데 마음이 아리다. 강원도로 향하는 길이라 터널이 많다. 어느 터널은 약 11km로 갑갑한 느낌이다.

하지만 곧 맑은 하늘과 바다가 보이는 길을 차는 달리고 있다. 가슴이 뻥 뚫리는 느낌, 큰딸이 먹고 싶어 하는 대게요리를 파는 식당으로 향한다. 어느 관공서 주차장에 주차를 하고 식당으로 들어가는데 점원이 안내를 하면서 '다섯 명이면 3kg은 해야 한다'고 추천을 한다. 대게를 주문하고 3층으로 향한다. 추석 명절연휴라 비교적 한산하다. 속초 동명항이 보이는 곳으로 자리를 잡는다. 이윽고 밑반찬이 나오고 애들은 배가 고팠는지 금방 바닥이 보인다. 대게 메인요리가 나오는데 푸짐해 보인다. 애들이 대게를 잘 먹어서 흐뭇하다. 사진도 찍고 동영상도 찍는다. 긴 수저로 속살을 먹는 모습이 예쁘다. 아들과 큰딸의 동영상을 찍는 표정이 밝다. 작은딸은 맛이 좋아 말없이 먹는 일에 집중을 한다. 아내도 동영상을 찍는 표정이 사랑스럽다. 애들이 시간 될 때 다시 이런 기회를 가질 수 있으면 좋겠다. 좋은 이야기를 하면서 맛있게 먹는 시간을 가질 수 있어서 좋다.

소화도 시킬 겸 식당에서 나와 인근에 있는 '영금정'에 가서 파도가 일렁이는 모습을 구경한다. 셀카로 식구 5명을 한 화면에 담기엔 벅찬데 같이 파도를 구경하는 어떤 분이 사진을 찍어 주겠다고 한다. 고맙다. 사진과 동영상을 연신 핸드폰에 담는다. 간만에 보는 바다가 시원하게 보인다. 아이들의 제안에 속초 해수욕장으로 향하는데 가는 도중에 꿀 아이스크림을 먹고 싶다고 한다.

차도 옆에 잠깐 주차를 하고 아이스크림을 산다. 투명 플라스틱 컵에 아이스크림과 꿀을 담아 온다. 차가워 이가 시리지만 한 컵의 아이스크림을 모두 먹는다. 인근의 수산시장엘 가서 오징어, 북어 등 몇 가지 건어물을 구입하고 차량은 속초 해수욕장으로 향하고 금방 해수욕장에 도착을 한다. 여름 바다는 여러 번 가 보았지만 가을 바다는 처음인 것 같다.

수평선이 보이고 바닷물이 잔잔하다. 몇몇 사람들이 바다를 즐기는 모습이 좋다. 바닷물에 큰딸과 아들이 발을 담근다. 사진을 몇 컷 찍는데 아들은 잠시 생각에 잠긴 듯하다. 점점 귀대의 시간이 다가온다. 귀대를 생각하니 마음이 무거워진 아들의 표정이다. 하지만 시간은 흘러 차는 인제로 향한다. 앞 차가 저속으로 달리는데 오늘은 고맙다. 보통 때면 추월선으로 가서 추월을 할 텐데 오늘은 추월을 하지 않고 계속 저속으로 간다. 설악산 울산바위가 차창 밖으로 보인다. 큰딸은 연신 사진을 찍는다. 20분 후면 부대에 도착, 10분 후면 도착, 5분 후면 도착, 내비게이션의 화면에 있는 시간은 왜 이리 빨리 가는지 이윽고 부대 앞에 도착한다.

아들은 가족과의 이별에 아쉬움이 있어 부대 주위에 차량을 세우고 인제 시내를 같이 구경하자고 한다. 같이 걷는 거리가 정겹고 아쉽고 여러 가지 감정이 뒤섞인다. 인제터미널, 책방, 미용실, GS25 등이 보인다. 큰딸한테 물어본다. '너는 이곳이 어떠니?'라고 했더니 여기는 한적하여 좋기는 하지만 도시가 작아 번잡한 코엑스가 더 좋다고 한다. 9월 말의 가을인데 약간 쌀쌀함을 느낀다. 추운 겨울을 대비하기 위해 내복가게에 들어가서 내복 2벌을 사서 아들에게 전달한다.

이윽고 아들은 군복을 갈아입고 부대 앞으로 향한다. 아직 40분이 남았는데 귀대를 한다고 한다. 일병인 아들은 귀대를 하겠다고 거수경례를 한다. 등을 두드려 주고 귀대하는 모습에 마음이 짠하다. 아들이 부대 내로 들어가고 나서도 나는 부대 밖에서 더 기다린다. 철문 소리가 들리고 아들은 귀대를 한 것이다. 군 생활하는 동안 건강하게 지내기를 바란다. 큰딸과 작은딸도 누나로서 느낌이 다를 것이라 생각한다. 누나들이 시간을 내어 동생과 함께해 줘서 고맙다.

5일 동안 모두 모두 무탈해서 다행이다. 귀대 후 다음 날 아들에게서 전화가 온다. 백신을 맞고 쉬고 있다고 한다. 이제 안심이다.

아들과의 군 면회를 기대하면서

군에서의 면회는 꿀맛과 같고 오아시스와 같은 것이다. 사회와 단절된 곳이라 항상 사회가 그리운 것이다. 사회에 있을 때는 자유의 소중함에 대해 당연한 것이라 별다른 느낌이 없을 것이고 생활하고 있는 모든 것에 대해 당연한 것이니 그 고마움을 모른다. 그러나 군 생활에서는 통제와 지시로 인해 자유에 제약을 받게 되어 누군가 잠시라도 면회를 오게 되면 잠시나마 이 굴레에서 벗어날 수 있기 때문이다. 하지만 이것은 모든 군인에게 적용되는 것은 아닐 것이다. 다른 환경에서 다른 생각을 할 수도 있을 것이다. 사회가 싫어서 군으로 간 경우는 다를 것이고 군 생활보다 사회생활이 더 힘든 경험을 한 경우도 있을 것이다.

아들에게서 11월 27일에 면회가 가능한지 윗분께 여쭈어본다고 한다. 군의 상황에 따라 장시간의 훈련이 있거나 아니면 무슨 특수한 훈련이 있는 경우나 군에서의 통제가 있는 경우에는 면회가 어려울 수도 있을 것이다. 지금은 코로나 19로 인해 군 장병들을 보호하기 위해 통제를 할 수도 있을 것이다.

아무리 부모라 해도 군의 통제에는 협조를 해야 할 것이다. 특별한 상황이 아니면 아들을 보았으면 하는데 기대에 맞게 볼 수가 있을지 모르겠다. 이제 조금씩 겨울이 다가오고 있어 강원도 인제의 날씨는 더욱 추울 것 같은데 지난번 휴가 때 사 준 내복을 입으면 조금은 더 따뜻하면 좋으련만. 예전엔 '인제 가면 언제 오나 원통해서 어쩌나'라는 말이 있었다. 서울에서 인제까지 가는 교통편도 불편하고 날씨도 춥고 훈련도 고되어 이런 말이 나오지 않았나 생각이 된다. 이제는 고속도로가 잘 되어 있어 서울에서 차량으로 약 2시간이면 도착을 할 수 있는 거리이기 때문에 군 내부에서 특별한 상황이 없으면 면회를 가는 것은 어렵지 않다. 11월 27일이면 5일 남았는데 좋은 소식이 전해지기를 기다린다. 아들이 군에 간 것인데 내가 군에 간 것처럼 설레는 것은 무슨 이유일까? 하지만 아들이 보고픈 마음은 숨길 수가 없는 것이 사실이다. 아들아 항상 건강해야 한다. 잘 지내거라….

예정된 면회일에 파견이 결정되다

아들에게서 저녁 시간에 전화가 온다. 강원도 현리에 있는 모 부대에 파견을 나갔다고 한다. 먹는 것이 자대보다는 약간 불편하지만 자원을 했다고 한다. 자세한 내용은 모르지만 12월 6일까지 거기서 보낸다고 한다. 원래 계획으로는 11월 27일에 면회를 가려고 하였는데 뒤로 미루어야겠다. 이번 면회에 대해 기대를 하였는데 아쉬움이 있다. 아들의 목소리를 들으니 아쉬움이 묻어 있는 것이 느껴진다. 군 내부에서의 파견이든 훈련이든 군대의 상황을 따라야 하는 것은 당연한 것이다. 아쉬움을 뒤로하고 다음을 기약할 수밖에….

어떤 상황이 되어도 아들의 안녕이 제일 중요하다. 파견을 마친 그 이후에 다시 면회 날짜를 잡아 봐야겠다. 군 내부에서의 생활이 만만하지는 않을 것이다. 선임과 후임 간의 관계도 그렇고 상관의 명령에 대한 복종, 때로는 훈련이 있을 것인데 추위와의 사투를 벌여야 할지도 모른다. 요즈음 군대가 예전과는 다르겠지만 자유가 없는 생활, 규칙이 있는 생활일 것이고 해 보지 않은 경험들을 하게 되고 사회에서의 고립이 되어 있는 생활이라 약간은 뒤처진다는 생각이 들기도 할 것이다. 아무리 긍정적으로 생각을 하여도 마음의 무게감은 사회에서 느끼는 것보다 훨씬 클 것이다.

시간이 흐르는 속도도 아마 사회보다는 더디게 갈 것으로 본다. 하루하루 건강하게 잘 지내기를 바란다. 국방의 의무는 이 시대 젊은이들의 의무이기는 하다. 아무리 힘들어도 국방부의 시계는 흘러갈 것이다. 하여튼 아들의 목소리를 들으니 한결 안심이 된다. 전화의 목소리 속에 전과 다르게 아들이 군 생활에서 적응을 잘하고 있고 자신감이 느껴진다.

파견을 가는 곳에서도 그쪽 군인들과도 잘 지내기를 바란다. 원래의 자대와는 다른 분위기일 것이고, 다른 군인들의 요구사항도 다를 것인데 서로 간에 규칙을 잘 지키고 서로의 영역을 침범하지 않고 조화롭게 지내길 바란다.

기대를 품고 인제로 첫 면회를 가다

아들이 입대를 한 지 이제 9개월째이고 해를 넘겼다. 이제 거의 군복무 기간의 반이 지난 것이다. 처음으로 맞이하는 첫 겨울인 셈이다. 내무반은 따뜻한지? 근무지는 춥지 않은지? 동료들과는 잘 지내는지? 등등이 궁금하다. 면회를 생각하지만 군 내부에서의 상황 등에 대해 알지 못하여 망설이고 있는 중에 아들에게서 연락이 온다. 백신 주사를 맞은 지 3개월이 지나지 않은 경우에 면회가 가능하다고 한다. 2차 백신접종을 맞은 지가 언제인지 계산을 해 본다. 아뿔싸! 지난해 9월 28일에 주사를 맞았으니 3개월이 막 지난 셈이다. 어떻게 하나 망설이는 중에 3차 접종(부스트샷) 예약을 한다. 12월 30일이다.

일단 접종은 하였는데 당일보다는 다음 날의 근육통이 있고 몸살기가 발동을 한다. 3차가 만만하지는 않다. 하지만 아들의 면회를 위해 견뎌야 하는 통증이라 생각한다. 통증이 심하여 '아세트아미노펜' 성분이 있는 알약을 2회에 걸쳐 먹게 된다. 진통제라 몇 시간은 몸이 괜찮은 것으로 보이나 이내 통증이 있다. 통증이 지속되고 보니 살아야겠다는 생각마저 든다. 면회를 가는 전날 아내와 딸들은 다음 날 아들에게 줄 음식 준비를 위해 밤 늦게까지 수고를 많이 하였다.

면회 시 군 내부에서 외출이 되지 않은 경우라 위병소에서 음식을 같이하기 위해 정성을 다한다. 다음 날 새벽 주차장에 세워 둔 차량을 확인하기 위해 외부에 나가는데 이 일을 어쩐다. 눈이 온 것이다. 차량 위의 눈을 치우는데 다행히 많은 눈은 아니었다. 먹을 음식을 차량에 싣고 아내와 함께 출발을 한다. 눈이 지속되지만 조심조심해서 액셀을 밟으면서 올림픽대로를 지나게 된다. 큰길은 다행이 제설작업을 해서 그런지 많은 눈이 보이질 않아 다행이다. 차량에서 눈에 들어오는 도로안내표지판에는 남양주 및 양평이 보이고 서울 양양 고속도로를 달리며 춘천이정표도 보인다. 차량은 미끄러지듯 달린다. 강원도로 향할 즈음 이제 더 이상 눈이 보이지 않는다. 지난밤 눈은 아마 서울 경기도만 내렸나 보다. 곧 소양강을 지나 인제라는 표지판이 보이고 바로 고속도로에서 벗어난다.

인제 인근 국도의 차량 속도는 80km 이내인데 아내는 속도가 늦다고 한다. 아들을 빨리 볼 마음으로 빨리 가고픈 마음인가 보다. 속도를 내어 보지만 신호가 있는 길이라 빨간색 신호에 걸리고 만다. 과거에 빨간색 신호가 이토록 길었던가? 무사히 아들이 근무하는 인제의 부대 앞에 도착한다. 철책 문 앞에 바리케이드가 있고 그 앞으로 가서 초인

종을 누른다. 무장을 하고 있는 군인이 나온다.

"어떻게 방문을 하였는지요?"

용건을 묻는다.

"면회가 목적입니다."

라고 말하고 백신을 맞은 내역과 설문지를 작성한다. 약 5분 정도 지나자 부대 안쪽에서 아들이 나온다. 군복을 입고 있으리라 생각했는데 검정색 오리털 파카와 가벼운 모자에 운동화를 신고 나온다.

핸드폰과 신분증을 맡기고 출입증과 교환을 한다. 면회실 내부에 자리를 잡는데 원탁의 테이블이 3개가 있다. 시간은 거의 9시 30분, 얼마나 보고 싶었던가? 아들과 포옹을 한다. 안녕을 얼굴로 확인을 하고 지난밤 준비한 음식을 테이블 위에 차린다. 홍어회와 약밥, 떡, 호박전, 두부전, 새우 마른반찬, 바나나, 배추김치, 총각김치, 미역국, 새우조림, 조개 등 아들이 처음 입대할 때 준비한 도시락 통을 펼친다. 지난가을 장모님이 주셔서 냉동실에 얼려 놓았던 홍시감도 있다.

누가 봐도 정성이 가득 담긴 식사이다. 아들이 음식을 한 점 한 점 먹는 모습을 보니 뿌듯하고 대견하다. 군 생활에 대해서 하나하나 이야기 보따리를 푼다. 적응을 잘하고 있는 듯하여 다행이라 생각한다. 하루 일과 중에 시간이 될 때마다 부대 내의 체력단련장에서 운동도 한다고 한다.

아직 먹는 것이 힘든 상황이지만 잘 견디고 있어 다행이다. 곧 면회실의 다른 테이블도 다른 면회자로 자리를 채운다. 부모님으로 보이는 분들이다. 부모의 마음이야 동일할 것이다. 이윽고 식사를 마치고 아들의 생일이 1월인데 케이크 준비를 한다. 큰 초 2개, 작은 초 3개 생일

축하 노래를 하면서 아들의 핸드폰으로 동영상을 찍는다. 테이블 위에 크리스마스를 축하하는 노래가 나오는 기구가 있어 한결 분위기가 좋다.

면회 시간은 아침 9시부터 오후 1시까지 4시간 동안이라 한다. 거의 3시간의 식사를 같이하는데 시간은 금방 지나간다. 시간이 거의 12시 40분이 되어 자리를 정리하고 1시 이후 다음 면회자를 위해 자리에서 일어난다. 바나나와 호박전 몇 개를 비닐에 넣어 준다. 아들을 부대 내부로 들어가라고 하고 들어가는 모습을 지켜본다. 면회실에 올 때의 마음과 다시 부대로 들어가는 마음이 많이 다를 것이다.

하지만 이제 상병이 되어 과거보다는 덜 걱정이 되는 것이 사실이다. 다음의 면회를 할 수 있는 기간이 언제인지 혹은 휴가가 언제인지 간단히 확인을 한다. 지금은 군인들이 핸드폰이 있어 과거와는 다른 분위기라 다행이라 생각을 하지만 총기를 휴대하고 있어 걱정이 되는 것이 사실이다. 모나지 않게 둥글둥글하게 잘 지내길 바라며, 건강하기를 기원한다. 아내와 함께 오는 차량에서 한동안 정신이 멍하다. 군 생활의 무사를 기원하면서 액셀을 천천히 밟아 보는데 발이 무겁다.

인제에서 두 번째 면회 기대

지난주부터 겨울 날씨답게 영하 10도를 오르내리며 계속 춥다. 체감 온도는 영하 15도 이하일 것 같다. 서울이 이렇게 추운데 아들이 있는 강원도 인제는 얼마나 추울까? 기온이 떨어져서 추운 것도 있겠지만 사회와 동떨어져 있어 마음이 더욱 추울 수도 있을 것이다. 옷이며 신발이며 모든 것이 걱정이 되는 것이 사실이다.

아들에게서 연락이 온다. 1월 22일에 면회를 신청했다고 한다. 토요일이면 나도 시간이 되니 기대가 된다. 이번엔 어떤 음식을 가지고 갈까? 휴대용 가스레인지를 가지고 가면 될까? 미역국이라도 따뜻하게 먹이고 싶은데 아마 다른 사람도 같이 있는 면회실이라 힘들 수도 있겠다. 매일매일 기대를 한다. 일주일이 지나면 아들을 볼 수 있겠구나! 라는 기대로 일하면서 쌓인 피로도 일시에 풀리는 것 같다.

오전에 아들에게서 콜렉트콜로 전화가 온다. 저녁에 핸드폰을 반납하여서 콜렉트콜로 전화를 하나 보다. 기계음의 멘트가 들린다. '목소리를 확인하시고 통화를 원하시면 아무 버튼이나 눌러주세요' 멘트가 채 끝나기도 전에 1번을 누른다. 반가운 아들 목소리다. 언제 들어도 차분한 아들의 목소리는 엔도르핀을 돌게 한다.

면회의 기대를 가지고 아내는 아들이 먹고 싶어 하는 소울브레드 빵을 구입하러 서초구에 갔는데 오후 시간인데 벌써 완판이 되어 구입을 하지 못했다고 한다.

다음에 면회 날짜가 정해지면 미리 예약을 하기로 하였다. 둘째 딸은 분당에 있는 팥빵을 파는 가게의 이름을 전화로 물어 온다. 빵을 구입하여 동생에게 주고 싶은가 보다. 핸드폰의 검색창에 빵이라고 치니 이내 '빠띠쓰리애나스 빵집'이라고 뜬다. 둘째 딸은 내 핸드폰에 빵가게 이름과 전화번호가 있다고 기억을 하고 있었던 것이다. 보통의 팥빵과는 팥이 들어가는 양이 다르다.

보통 빵 한 개를 들어 보면 가벼운데 이 빵은 팥의 양이 다른지 무게부터가 묵직하다. 해외에서 사는 어떤 지인은 한국에 올 때 이 빵을 많이 구입을 하여 냉동실에서 보관하여 고국이 생각날 때면 한 개씩 꺼내 먹는다고 한다. 아들도 이 빵을 먹고 싶을 것이라 생각해 본다. 군에 있으면 먹고 싶은 것이 많을 것이다. 카카오톡에 먹고 싶은 것을 보내라고 하니 아귀찜을 먹고 싶다고 한 것으로 기억되는데 지난번에는 동네가게에 아귀를 팔지 않아서 아쉬웠는데 다음에 아들을 만날 때는 아귀찜을 먹게 하면 좋을 것 같다.

맛있는 것이 있으면 아들이 생각난다. 같이 먹으면서 웃는 모습을 보고 싶다. 아들의 군 생활, 세월이 지나고 군복의 색이 변하는 세월만큼 성장해 있기를 기대해 본다. 건강하게 잘 지내길 바란다.

한낮에 아들로부터 반가운 전화가 온다. 추운데 어떻게 지내는지 얘기를 하면서 이번 주부터 타 부대로 약 2주간 전출을 가야 한다고 한다. 군 내부의 상황으로 반드시 따라야 한다. 당연히 면회는 되지 않는 것이다. 아쉽다. 아들의 목소리도 아쉬움이 묻어난다. 기대와 아쉬움이 교차하면서 아들은 점점 더 마음이 커지고 성장을 할 것이다. 군 내부의 일정을 마치고 돌아오면 구정 설 연휴인데 그때라도 보면 좋겠다. 다시 한번 더 면회를 신청하면 좋겠다. 아쉽지만 다음을 기약하고 전출 및 훈련 등에 씩씩하게 잘 적응을 하고 동료들과도 잘 지내길 바란다.

인제로 두 번째 면회를 가다

아들로부터 반가운 소식이 전해 온다. 몇 번의 요청 끝에 면회신청의 허가가 났다고 한다. 지난번 면회 신청에서는 다른 부대로 파견이 있었고, 그동안 코로나 19 확진자가 늘어 면회나 외출이 힘든 상황이었는데 면회가 허가되어 다행이다.

아들을 보고파 하는 마음은 첫 번째나 이번의 두 번째나 마찬가지이다. 아들의 무사를 비는 마음으로 출판에 앞서 아들에게 보여 줄 원고를 출력하여 파일로 만든다. 그리고 아들에 대한 글도 출력을 하여 같은 파일 속에 넣는 준비를 한다. 이번에 아들이 먹고 싶어 하는 아귀찜을 요리하기 위해 동네의 사장엘 간다. 그런데 아귀는 찾을 수가 없다. 발길을 돌려 송파구에 있는 가락시장으로 향한다. 다행이 가락시장엔 아귀가 있다. 아귀와 기타 부재료를 가방에 넣는다. 아울러 간장게장도 같이 구입하여 가방에 넣는다. 지난번 휴가 나왔을 때 간장게장을 잘 먹었던 기억을 한 것이다. 무거운 시장바구니를 들고 오는데 마음만은 한결 가볍게 느껴진다. 가방을 풀고 아내는 아귀찜 준비를 한다.

그리고 아내는 아들이 좋아할 만한 명란 계란말이도 준비한다. 약간의 떡과 키위, 사과, 배 등 과일도 준비한다. 내일 아침에 출발 예정이라 저녁 늦게까지 요리를 마치고 잠자리에 든다. 아들을 볼 수 있다는 기대로 면회 당일 새벽 6시에 잠에서 깬다. 면회를 하는 장소에서 음식을 따뜻하게 할 수 있는 부탄가스를 사용하는 장비의 반입이 어려울 것 같아서 밥과 아귀찜을 보온밥통에 준비를 하는 아내의 손길이 바쁘다. 나는 주차장의 차를 점검하러 밖으로 나간다.

혹시 날씨가 추워서 자동차 시동이 걸리는지를 미리 점검을 한다. 다행히 자동차는 이상이 없다. 아침 날씨가 제법 차다. 아침밥을 간단히 먹는다. 준비한 음식을 차에 싣고 시동을 건다. 차량은 영동대로를 지나 올림픽대로로 향한다. 토요일 아침이지만 차량은 많다. 다들 어디를 가는 것일까?

강원도 방향이라 주말을 여유롭게 보내려는 행렬인지 아니면 아들을 군에 보낸 부모들의 면회 행렬인가? 내가 어떤 상황으로 어딜 가게 되면 다른 사람도 같은 상황일 것이라는 착각을 하게 된다. 곧 강일IC를 지나고 덕소라는 도로표지만이 보인다.

젊은 시절 덕소 지역에 아파트를 분양받으려고 했던 기억이 새록새록 난다. 경제적으로는 힘들었지만 희망을 가진 젊은 시절이었다. 잠시 생각에 잠긴 사이 차량은 점점 늘어나고 있다. 고속도로의 최고 속도로는 달리지 못하고 있다. 아들을 보고파 하는 마음이 앞서는가 보다. 그래도 달리는 차량의 순서에 따라 앞으로 나아간다. 이어서 춘천이라는 표시판이 보이고 차는 이내 서울양양 고속도로로 진입을 한다. 교통량은 적절하여 규정 속도로 달리게 된다.

이윽고 인제라는 글씨가 보이기 시작한다. 이토록 인제가 반가운 적이 있었던가. 고속도로를 빠져나오고 국도를 달린다. 여기는 신호등이 많다. 많아도 너무 많다. 빨리 가서 아들을 보고픈 마음에 그렇게 느껴지나 보다. '빙어의 고장 신남'이라는 마을입구 표지판이 보인다. 인근에 빙어를 잡을 수 있는 곳이 많은가 보다. 빙어 낚시는 강가에 차량

또는 텐트를 준비하고 언 강 위에 구멍을 뚫어 낚시줄을 얼음 속으로 내린다. 매년 추운 날씨임에도 불구하고 빙어 낚시는 겨울철 여행의 멋진 추억을 남겨 준다. 전하는 말에 의하면 빙어는 새벽부터 오전 10시까지 잘 잡힌다고 한다. 잡은 빙어는 빙어튀김도 맛있다. 먹는 것도 좋지만 아이들이 있는 경우에 아이들이 더 재미있어 한다고 한다.

소양강과 38선이라고 새겨진 바위가 보인다. 이내 2~3번 보았던 익숙한 길이 나온다. 무사히 부대 앞에 도착을 한다. 지난번에 본 기억으로 차량이 부대 내로 진입이 가능하다고 한다. 차에서 내리니 위병소에 근무 중인 군인이 나온다. 방문목적을 물어본다. 면회를 왔다고 말한다.

근무 중인 군인은 아들과 같은 내무반에서 생활을 한다고 한다. 반갑다. 해당 군인은 코로나 19 백신 접종을 맞았는지 점검한다. 지난번 면회 때 3차 백신을 맞아서 무리가 없다고 생각하고 카카오톡의 백신 접종현황을 보여 준다. 추가로 '국방모바일보안(외부인)' 앱 설치를 확인한다. 앱 내의 확인 번호를 확인하자 핸드폰의 카메라 기능이 차단된다.

여기까진 좋았는데 신속항원검사에서 음성이 기록된 서류 제출을 요구한다. 서류가 없다고 하자 병사는 지휘계통을 통해서 상황을 전달하고 잠시 기다리라고 한다. 이윽고 답이 온다. 신속항원검사증이 반드시 필요하다고 한다. 순간 아들의 면회를 못 하는 것이 아닌가 하는 생각이 든다.

신속항원검사는 어디서 하느냐고 질문을 하니 인근의 보건소에서 받을 수 있다고 안내를 받는다. 내비게이션으로 위치를 확인하니 부대에서 불과 300m 떨어진 곳이다. 토요일이라 문을 열었을까 생각을 하던 차에 보건소 앞에 도착을 한다. 다행이다. 문은 열려 있었고 검사를 진행하고 있다.
"무슨 검사를 받으러 왔나요?"
라고 보건소직원이 물어본다.
"군 면회를 위해 신속항원검사를 받으러 왔어요."
라고 대답한다. 간단한 문진표와 개인정보를 기록하고 바로 신속항원검사를 받는다.
젓가락 길이 정도의 막대기 끝에 솜이 붙어 있는 기구를 사용하여 콧속에 넣는데 아픔이 밀려온다. 콧속이라 하지만 거의 뇌까지 밀어 넣는 것 같은 느낌이다. 순간 어깨의 힘이 들어가고 눈물이 찔끔 나온다. 아들의 면회를 위해서 처음으로 경험하는 것이다.

기다리는 동안 다른 목적으로 어린아이도 검사를 받는데 콧속으로 기구를 넣으니 아픔이 밀려와 어린아이는 울음을 터트리는데도 계속 진행을 하는 모습이 약간은 안쓰럽게 보인다. 어느 매체에서 보았는데 이 방법은 건강 상태를 점검할 때 간편법으로 사용한다는 말을 들은 기억이 난다. 의료 과학 기술이 발전되어서 앞으로는 더 좋은 방법이 개발되어 진행을 하였으면 좋겠다고 조심스럽게 생각을 해 본다.
보건소에서는 2가지 검사가 진행이 된다. 하나는 유전자증폭(PCR) 검사와 신속항원검사이다. PCR검사를 받기 위해서는 우선순위대상자가 있다고 안내를 한다. 만 60세 이상 고령자이거나 역학적 연관자 즉 밀접접촉자 또는 격리해지 전 해외입국자가 이에 해당이 된다고 한다. 그리고 유증상자의 경우는 의사의 소견서와 병원의 경과기록지 등을 제시해야 한다고 한다. 신속항원검사양성자의 경우도 해당이 되고 병원 입원 전 환자의 경우 입원관련서류를 제시하여 검사를 받는다고 한다.

 신속항원검사(개인용)의 경우는 검사 전 손을 깨끗이 씻고 완전히 말린다. 일회용 장갑 사용을 권장한다고 한다. 제품 구성을 확인하고 평평한 곳에 꺼내어 시험 단계에 따라 제품 포장지를 제거한다고 한다. 제품에는 검체 이외의 이물질이 투입하지 않도록 하는 등 제품 사용설명서에 명시되어 있고, 검사 반응을 위해 약 15분은 기다려야 한다고 한다. 다행히 검사 시 검사자는 유리로 칸막이가 되어 있는 곳에서 팔만 내밀고 피검사자는 콧속에 검사 기구를 넣을 수 있게 협조를 하면 된다.
 PCR검사가 아니라 다행이다. 약 15분이 지나자 방역패스용 신속항원검사결과가 기록된 종이를 건네준다. 코로나 19 신속항원검사 음성확인서-보건소용, 성명: 홍길동, 남녀, 생년월일: 19**.*.*, 검사일자: 2022.*.*., 검사종류: 비강도말, 검사방법: 신속항원검사(개인용), 검사 결과는 음성이다.

 유효기간은 검사 결과 음성 확인부터 24시간에 경과한 날의 자정까지, 상기 인에 대한 검사 결과를 위와 같이 확인하고, 보건소에서 발급된 음성확인서는 〈감염병 예방법〉에 따라 코로나 19 발생과 유형 방지의 방역을 위한 국내용 공익 목적으로 한정한다고 한다.
 검사기관은 *** 보건소(인)라고 적혀 있다. 처음 받아 보는 서류인데 면회의 가능 여부를 결정하는 서류이니 이 서류의 위력은 대단한 것 같다. 군에서 요구한 서류가 준비된 것이다. 다행이다. 바로 차량에 탑승을 하고 군부대로 향한다. 서류를 군 위병소에 제출을 하니 군대의 출입문을 열어 준다.

　차량은 면회실 옆에 주차를 한다. 바로 아들이 나온다. 군복을 입은 모습이 늠름하다. 군 위병소 장병은 출입증을 2개 가지고 오고 신분증을 제시할 것을 요청한다. 교환한 출입증엔 다음과 같이 기록이 되어 있다 '출입증 No 면회-01, 영내 출입 시 제시 후 항시 패용, 타인에게 대여할 수 없음(대여 시 군사 보안에 저촉) 습득 및 분실 시 연락처 주소는 **군 **읍 사서함 ***-**호, 전화 033-***-****, 간첩신고 테러범 신고는 국번없이 ****, 2022년 *월 *일, 제 **** 부대장.'

　날씨가 추워서인지 면회실의 공기는 무척이나 차다.
　난방기를 틀어 보지만 찬바람만 나온다. 위병소 장병이 리모컨을 점검해 보지만 여전히 찬바람이 나온다. 어쩌면 면회를 오는 사람이 적어서 난방기 작동을 하지 않아서 작동이 원활하지 않을 수도 있을 것 같다. 예열이 필요할 수도 있고 하여 조금 더 기다려 본다.
　아들은 군복에 베레모를 쓰고 군화를 신고 있다. 계급은 상병이라 조금은 여유가 있어 보인다. 지난번 코로나 19 3차 백신을 맞고 약간의 열과 근육통이 있었다고 했는데 얼굴을 보니 안심이 된다. 손과 목 등의 피부도 좋게 보여서 다행이다. 준비한 음식을 테이블 위에 놓는다. 보온 도시락 속에서 아귀찜을 꺼내어 놓고 새로 지은 밥과 김치며 나물을 놓는다. 떡과 키위, 사과, 배 등 과일도 함께 놓는다.
　아내가 별도로 준비한 간장게장도 같이 먹을 수 있도록 껍질을 열어 준다. 아들의 무사 제대를 기원하는 아내의 정성을 아들이 느끼는 것 같다. 아들의 맛있게 먹는 모습을 보니 마음이 뿌듯해진다.

아들은 오늘 아침에 군부대에서 빵이 나와서 아침을 먹지 못했다고 하는데 배가 고팠나 보다. 아들의 먹는 모습이 가슴 벅차다. 아침을 먹지 않아서 그런지 아귀찜과 떡과 나물을 잘 먹는다. 키위도 먹어 보라고 하는데 이내 배가 부른가 보다. 난방기도 이제는 더운 바람이 나와서 다행이다. 면회실 전체의 공기를 따뜻하게 하려면 시간이 조금은 더 필요한 것 같다. 발은 여전히 시리지만 아들의 얼굴을 보니 연신 미소가 지어진다. 차분한 목소리로 군 생활에 대해 이야기를 한다.

요즈음엔 핸드폰으로 어떤 게임을 한다고 한다. 동료들과 같이 친하게 지내기 위해서 배웠다고 하는데 많이 하지는 않지만 재미는 있다고 한다. 일전에 부대 내의 정모 소대장님이 아들에게 좋은 이야기를 해 주었다고 한다. "군복무를 하는 도중에 자격증을 취득할 수도 있고 기타 필요한 공부를 하거나 운동을 하는 등 유용하고 보람되게 시간을 보내라"라고 한 것이다. 아들에게 좋은 말씀을 해 주신 정모 소대장님께 고맙게 생각한다.

아들이 초기 자대에 안착을 하고 소대장님과 전화 통화를 한 적이 있는데 고마운 분이다. 처음 자대에 왔을 땐 선임들의 눈치를 많이 보았다고 하는데 요즈음 들어오는 신병들은 많이 자유스런 분위기라고 한다.

선임 병장이 하나둘 제대를 하고 지금 상병과 병장들이 새로운 부대의 분위기를 만들자는 이야기를 한다고 한다. 아들의 입장에서 입대를 한 지 몇 달이 지나지 않았지만 내부의 분위기는 빠르게 바뀌고 있나 보다. 특별히 문제가 있는 장병은 없다고 해서 다행이고, 서로 간에 화합이 잘된다는 아들의 말에 안심이 된다. 면회실 내부의 공기는 점점 따뜻해지고 있다. 면회실 내에 있는 화장실에서도 라디에이터가 있어 온기가 더해지는 듯하다.

잠시 다리의 종아리를 라디에이터에 붙여 본다. 군에서는 여러 가지 상황이 사회와는 차이가 날 것이다. 하지만 방법을 찾아가는 아들이 대견하다. 입대 전에 가지고 갔던 서적을 아들이 건넨다. 이미 읽은 책이라 집에 놓기를 요청한다. 3월에 출판 예정인 원고를 아들에게 주고 시간 될 때 읽어 보라고 하는데 외부에서 서적이 올 경우엔 검열을 한다고 한다. 약 1주일 정도 보관을 하고 돌려준다고 한다. 그래서 다음 만날 상황이 될 때 읽어 보기로 하고 이것도 다시 집으로 가져오기로 한다.

핸드폰에 국방모바일 앱이 깔려 있어 사진 촬영이 되지 않아 아들 핸드폰으로 면회실 내의 사진 촬영이 허가된 곳에서 셀카와 몇 장의 사진 촬영을 하고 나중에 보내 달라고 한다. 엄마 아버지와 같이 찍은 사진, 아들 독사진, 한 장은 전신 촬영이고 나머지는 상반신 사진인데 아들이 거수경례를 하는 모습이 대견하고 믿음직스럽다. 지난번 면회 후에 어느 정도 시간 동안은 마음이 먹먹하였다고 솔직하게 말을 전한다.

단체 생활을 해야 하는 군대에서 부모님이 면회를 왔으니 면회 전의 기다림과 면회 시 반가움이 있지만 부모님이 가고 난 다음엔 약간의 허전함을 느꼈을 것이다. 이번 면회 때도 약간의 그런 마음이 들겠지만 슬기롭게 극복하기를 바란다.

요즈음엔 군 장병들에게 목돈을 만들어 주기 위해 '장병내일준비적금'이라는 정책이 있는 것 같다. 병역의무 이행자가 복무 기간 중 급여 적립, 목돈 마련을 통해 전역 후 성공적인 사회 진출을 할 수 있도록 은행과 업무협약을 통해 높은 금리를 제공하는 대표 정책 금융상품으로 가입 대상은 대한민국 병역의무 이행자이고 가입 방법은 장병내일 준비적금을 취급하는 시중 14개 은행에서 신청을 한다고 하고 가입 혜택은 은행이자 5% 수준+국비지원이자 1%를 합해서 6% 수준 이자와 이자소득 비과세와 원리금의 33% 추가지원을 해 주는 3대 1매칭지원금을 준다고 한다,

병역의무 이행자의 내일을 위해 국방부가 함께하는 정책이라고 한다. 이는 가입을 하기 위해서는 실제 시중은행에서만 가능하다고 하는데 외출과 휴가가 쉽지 않은 상황인데 혹시 다음에 휴가를 나오면 그때 가입을 하는 것이 좋을 것 같다. 잔여 면회시간이 많이 남은 것으로 생각하였는데 면회실 내 시계는 분침이 빠르게 지나가고 동시에 시침도 빨리 지나가는 것으로 보인다.

면회 시간은 아침 9시부터 오후 1시까지인데 신속항원검사와 출입증 교부 등 절차에서 약 30분 이상이 소요가 되어 면회 시간이 더 짧게 느껴지는 것 같다.

12시 30분 즈음 면회실보다는 부대 내부가 더 따뜻할 것으로 생각되어서 부대 내부로 들어가라고 아들에게 말한다. 약간의 아쉬움이 있다. 차량에 음식을 비운 도시락을 싣고 아들이 전해 준 책도 싣는다. 아들이 차에 한번 앉아 보고 싶다고 한다. 잠시나마 차에 앉아서 집으로 가는 생각을 했을지도 모른다. 엄마와 아쉬운 포옹을 하고 아버지와는 악수를 한다. 부대 내부로 돌아가는 아들의 뒷모습을 지켜본다.

뒤돌아보지 않는 아들이 대견하다. 잘 참고 견디어서 건강한 모습으로 제대하기를 바라며, 차량의 시동을 켠다. 코로나 19 확진자가 연일 100,000명이 넘어서고 있는 상황이라 다음번에는 면회가 가능할지 모르겠다. 혹시 모를 3월의 휴가가 결정이 되면 그때 다시 보면 좋겠다. 코로나 19 시국엔 군 내부가 어쩌면 더 안전할지도 모르지만 단체생활을 해야 하는 곳이라 사회와 군복무를 선택하라고 하면 어디를 선택할지 궁금하다. 대한민국 육군 상병 ***, 아들 잘 지내고 다음에 만나자. 아버지는 아들을 믿는다.

아들로부터 반가운 카카오톡이

벌써 시간은 흘러 2월도 마지막 날이다. 2월은 28일까지만 있어서 그런지 더 빨리 가는 것 같다. 같은 시간이라도 사회에서 느끼는 시간과 군에서 느끼는 시간의 흐름은 다를 것이다. 군 생활 중에 들은 얘기로 '거꾸로 매달려 있어도 국방부 시계는 간다'라는 말이 있다.

이는 아무리 힘들어도 시간은 흘러가니 잘 견디라는 말이 아닌가 생각한다. 그리고 군 생활에서 '자는 것이 남는 것이다'라는 말도 있다. 이는 자는 동안에는 깨어 있을 때보다 더 시간이 잘 가니 이런 말이 나온 것이 아닌가 생각한다. 대한민국 남자의 의무이기도 한 군복무로 군에 가는 사람이면 누구나 공감이 가는 이야기일 것이다. 입대 전에는 길게만 느껴지는 생활이지만 막상 시작을 하면 언젠가는 제대를 하게 되는데 그 시간이 사회에서 느끼는 시간보다는 몇 배나 천천히 가는 것이 사실이다.

　요즈음 아들로부터 오는 카카오톡이 뜸하다. 어쩌면 혹한기 훈련 중이라 그런지 모르겠다. 어느 추운 겨울 야전에서 천막을 치고 잠을 자야 하는 경우도 있을 것이고, 끝이 없는 행군을 하면서 인내심을 기르기도 할 것으로 생각한다. 고단한 군 생활 속에 잠깐 카카오톡으로 가족에게 안부를 전하는 그 순간이 나름 휴식일 수도 있을 것이다. 아니면 너무나 피곤하여 카카오톡을 할 여유도 없을지도 모른다. 옛 속담에 '무소식이 희소식'이라는 말이 있는데 연락이 없는 것이 잘 지내고 있다는 반증이 될지도 모르겠다. 부모의 마음으로 하루하루 무사를 기원하지만 며칠 동안 연락이 없는 경우엔 약간의 불안감이 있는 것도 숨길 수 없는 것이 사실이다.

　기다리던 아들로부터 카카오톡이 온다. 다음 달 3월 초에 휴가를 나온다고 한다. 기쁨은 밀물이 밀려오듯이 온다. 기쁜 나머지 눈가에 축축함이 느껴진다. 약 10일 전에 면회로 아들을 보았지만 다시 보고 싶은 것을 어떻게 감출 수 있을까?
　이번 아들의 휴가는 코로나 19로 인해 여행 등을 가기는 약간의 부담이 있지만 어쨌든 아들을 볼 수 있다는 생각에 가슴이 설렌다. 어느새 하루의 피곤함도 눈 녹듯 사라진다. 아들이 비타민이다. 세로토닌이고 활력소이기도 하고. 박카스이다. 새벽에 일어나서 잠자리에 들 때까지 아들이 휴가를 나오기만 기다린다. 왜 이리 날이 더디게 가는지….

아들이 두 번째 휴가를 나오다

오늘은 아침 일찍 눈이 떠진다. 새벽 4시다. 그런데 마루에 벌써 불이 켜져 있다. 아내가 먼저 일어난 것이다.

자고 난 이불을 접어서 마루로 내어 온다. 설레는 마음으로 아들에게 방을 내어 주기 위함이다. 오늘 아내는 아들에게 맛있는 음식을 해 주고 싶어 일찍 일어난 것이다. 큰 그릇에 연신 계란을 깨어서 넣는다. 약 10개쯤 된다. 계란의 흰색과 노란색이 골고루 섞이게 젓는다. 가락시장에서 구입한 명란 젓갈도 같이 준비한다. 가스레인지에 불을 켜고 프라이팬 속에 계란을 먼저 넣고 잠시 기다린다.

계란이 어느 정도 익을 즈음 명란 젓갈을 넣는다. 프라이팬 가득 넣은 계란이 어느 정도 익으면 둥근 모양의 끝을 말아 올린다. 계란이 익어감에 따라 계란을 김밥 말듯 원기둥 모양으로 말아서 계란말이 요리를 완성한다. 길게 만 계란말이를 도마 위에 놓고 김밥을 썬 듯 모양이 나오게 자른다. 겉은 계란인데 속에는 명란이 들어 있는 두툼한 명란 계란말이가 완성이 된다.

아내는 아들이 더 보고 싶은가 보다. 아침을 먹고 일터로 가는 길의 발걸음이 가볍다. 점심을 먹을 즈음 아들에게서 전화가 온다. 휴가를 나와서 집에 왔다고 하는 전화이다. 반가움이 밀려온다. 힘들 텐데 푹 쉬라는 말을 전한다.

오늘은 외부 일정이 있어서 사무실을 나서는데 빨리 일을 마치고 집에 가서 아들을 볼 생각에 일도 더 잘 된다. 이윽고 일을 마치고 집으로 향한다. 왜 이리 지하철이 늦게 달리는지 모르겠다. 오늘이라고 특별히 늦게 가는 이유가 있지는 않을 텐데 말이다. 집에 도착하자마자 아들이 제일 먼저 아버지를 반긴다.

짧은 머리에 건강한 아들이 눈앞에 서 있다. 기쁘고 든든한 마음이 밀려온다. 5일 동안 휴가를 받았다고 한다. 아들은 말한다.
"건강하니 걱정 마세요."
라고 하는데 어느새 눈은 아들의 머리에서부터 발끝까지 스캔을 한다. '혹시 아픈 데는 없는지 불편한 데는 없는지.' 건강한 모습을 확인하니 다행이다.

이제 5일 동안 아들과 같이 잠을 잘 수가 있고 아들을 볼 수가 있다. 이번엔 아들과 같이 대선투표를 같이 할 수가 있어 의미가 있을 것을 것 같다. 아들이 가방에서 꺼낸 휴가증에는 소속 *군단 ***생방대대 제독* 중대 소대와 분대가 있다. 계급란에는 상등병 및 군번 21-76028***, 주민등록번호 앞자리와 뒷자리 하나 이외에 ****로 되어 있고 휴가구분 연가, 행선지 지역명이 기록된다. 기간은 3일간 출발일 2022.3.4. 귀대일 2022.3.6.로 휴가를 허가함이라고 기록되어 있다.

휴가 나온 다음 날 외할아버지와 외할머니를 뵈러 아내와 아들, 딸 모두 차에 동승을 한다. 오래간만에 차를 타서 그런지 약간 어지러움이 있다고 아들은 말한다. 창문을 열어 공기를 환기시킨다. 다행히 토요일이지만 길에 차량이 많지를 않아서 1시간 남짓 소요되어 도착을 한다. 몇 달만에 보는 외손자가 반가우신가 보다. 표정이 밝으시다. 옆에 앉게 해서 이런 저런 얘기를 나눈다. 지난 설날에 인사를 드리지 못하여 큰절을 올린다. 흐뭇해하시는 모습이 보기에 좋다. 아내가 준비해 간 아귀로 국을 끓여 맛있게 저녁을 같이 먹는다.

외손자와 외손녀가 오고 집 내부에 목소리가 많아지니 좋으신가 보다. 마치 집안 분위기가 살아나는 것 같다고 하신다. 어느새 날은 어두워지고 집으로 돌아갈 시간이 되면서 아쉬움을 뒤로 한 채 서울로 차량을 향한다. 오늘 잠을 자면 아들과 2일째가 된다. 내일은 일요일 코로나 19를 의식해서인지 눈이 일찍 떠지지만 다시 자리에 눕는다. 편안한 일요일 아침이다. 밝은 햇살이 창을 통해 마루로 비친다. 평화롭다. 애들은 휴일이라 일찍 깨우지는 않는다. 실컷 자게 둔다. 군에서는 매일 밤 근무를 서야 해서 중간에 잠을 깨야 하는데 집에 오니 잠을 계속 잘 수도 있고 늦잠을 잘 수도 있고 해서 좋은가 보다.
글을 쓰고 있는 중에 아들이 다가온다. 발에 무좀이 생겼다고 한다. 군화를 오래 신게 되면 바람이 잘 통하지 않은데 대부분 군인들이 앓고 있는 질환이기도 한 것이 무좀이다. 약 서랍을 열어 보는데 예전에 내가 사용했던 무좀약을 발견하는데 2015년에 구입을 한 것으로 보인다. 약 7년이 지난 것이라 새로이 구입을 하기로 한다.

요즈음 나오는 치료제 연고는 성능이 좋아서 며칠만 치료하면 나을 것으로 생각된다. 몸이 건강하면 무좀도 쉽게 접근을 하지 못할 것이다. 이제 오늘 잠을 자면 2일이 더 남게 되는 것이다. 왜 이리 시간이 빨리 가는지 모르겠다. 휴가 동안 최대한 아들이 편안히 지낼 수 있도록 하고 싶다. 아내와 나는 내일 일터로 입고 갈 옷을 미리 방에서 꺼내어 마루에 둔다. 아침에 아들의 잠을 깨우지 않게 하기 위함이다. 그렇지만 아마 아들은 일어나서 배웅을 할 것으로 기대한다. 아들은 휴가 중인데 입대 전에 사용하고 있던 책상 서랍을 정리한다.

예전에 사용하던 물건들을 정리하면서 마음을 새롭게 다지는 시간을 가지는가 보다. 과거는 빨리 털어 내야 현재를 살고 미래를 사는 데 도움이 될 것이다.

내일은 아들이 귀대를 하는 날이다. 오늘밤은 같이 잘 수 있어 좋지만, 왜 이리 아들이 집에 있는 시간은 빨리 지나가는지 모르겠다. 또다시 아들이 보고파질 텐데 아들의 모습을 사진에 담아 본다. 아들이 신고 온 군화와 군복도 사진으로 남긴다. 아내와 같이 내일 아들에게 먹일 샤브샤브 재료를 구입하기 위해 시장엘 같이 간다. 먹고 싶어 하는 장어, 소고기, 야채, 과일 등을 구입한다. 내일을 위해 일찍 잠자리에 든다. 하지만 금방 잠이 오지는 않는다. 또다시 아들의 무사를 비는 날이 지속될 것이다.

몇 시간이 지나지 않아 아침이 밝아 온다. 드디어 아들이 귀대하는 날이다. 아들이 신고 온 군화를 닦는다. 깨끗하고 빛나는 군화를 신고 귀대하였으면 한다. 아내는 아들에게 먹일 샤브샤브를 준비한다. 매운맛과 순한맛을 동시에 요리할 수 있는 그릇을 아내는 구입을 하였다.

휴대용 가스레인지에 불을 켜고 새우와 야채를 넣고 낙지도 같이 그릇 속에 넣는다. 아이들과 먹는 아침이 무엇보다도 좋다. 서로 얘기도 하면서 따뜻한 음식을 나누어 먹으니 이보다 더 행복한 일이 어디에 있겠는가?

지금 집필하고 있는 〈아들을 군대에 보내다〉 편의 일부분인 '글을 시작하며'를 지난 연말에 구입한 마이크를 통하여 낭독을 하고 둘째 딸이 촬영을 한다. 분량은 약 1.5페이지 정도인데 처음엔 차분한 목소리로 낭독을 시작한다. 점점 아들이 군에 가서 허전한 마음을 표현한 구간에게 뭔가 목을 메이게 하는데 아들은 방으로 들어가고 나 또한 더 이상 낭독을 하지 못하고 멈추게 된다. 이때 큰딸이 눈물을 닦으라고 수건을 준다. 무슨 설명보다는 아버지와 아들 딸들의 순식간에 벌어진 행동들이다. 이것이 행복인가 보다. 이것이 뿌듯함인가 보다.

아들은 군에서 훈련을 받을 때는 세 끼를 꼬박 먹었다고 하는데 집에 와서 움직임이 적으니 두 끼만 먹어도 배가 부르다고 하면서 숟가락을 놓는다. 그래도 아들이 먹는 모습은 흐뭇함 그 자체이다.

아들과 함께 양재천으로 산책을 나간다. 봄기운이 완연한 상쾌한 날이다. 바람이 차질 않고 오히려 시원함을 느낀다. 멀리 보이는 수양버들은 벌써 노란색으로 변하고 있다. 박새라고 하는 참새보다도 작은 새는 '내가 여기에 있다'라는 존재의 소리를 내면서 이리저리 난다. 정겹고 평화롭다. 산책을 하는 사람도 많이 보이고 봄을 느끼는 모습들이 좋다. 아들과 가는 산책길이 뿌듯하다. 같이 걷는 도중 헬스에 관한 이야기를 한다. 군에서 벤치프레스(누워서 드는 역기)를 몇 kg으로 드는지 아들에게 물어본다. 약 40kg을 든다고 한다.

관심이 있는 분야에 대해 이야기하니 할 말이 많은가 보다. 공원 내의 역기를 발견한다. 한쪽이 10kg이라 양쪽이면 20kg인데 가뿐하게 역기를 든다. 약 10여 개를 들고 내려놓는데 아들도 같이 역기를 든다. 역시 가볍게 든다. 운동을 하는 아들 모습이 대견해 보이고 안심이 된다. 또다시 걷기 시작한다. 양재천 농구장엔 학생들이 농구를 하는 모습이 보인다. 날씨가 좋아 짧은 팔을 입고 운동을 한다. 아들에게 묻는다.

"군에서도 농구대가 있니?"

"당연히 있지."

"너도 농구를 잘하니?"

"잘하지는 못하지만 가끔 동료들과 하기도 하지"라고 한다.

아들이 부대에 복귀할 시간이 다가온다.

아들의 요청으로 차량을 이용하여 부대로 복귀하고 싶다고 한다. 집에서 출발하면 인제까지 약 2시간이 소요가 될 것으로 예상된다. 왕복 약 4시간 동안 운전을 해야 해서 점심을 일찍 먹고 잠시 눈을 붙이고자 이부자리를 편다. 가벼운 담요를 덮고 눈을 감아본다. 눈을 감지만 금방 잠이 오지는 않는다. 어느 정도 시간이 흘렀을까 덮은 담요 위로 뭔가가 놓여진다. 아들이 덮던 이불을 아버지 잠자리 위에 덮는 것이다. 아들이 아버지를 생각하는 마음이 기특하다. 모르는 척하고 계속 눈을 감고 있는데 마음은 흐뭇하다.

아들은 오후 5시에 출발을 하자고 한다. 복귀시간은 저녁 9시이지만 일찍 가서 대기하는 것이 좋을 것 같다. 아내는 과일을 준비해 준다. 사과, 딸기 등 그릇에 담는다. 아들은 군복을 챙겨서 입고 군화의 신발끈을 맨다. 아쉽고 아린 마음이 있어 아들의 모습을 동영상에 담는다. 아들의 배웅을 위해서 아내와 작은딸은 차량까지 나와서 인사를 한다. 다시 한번 손을 잡고 차량은 인제로 향하게 된다.

내심 교통상황이 좋지 않아 차량이 좀은 밀렸으면 하는 바람이 있었지만 도로사정은 좋아 밀림이 없이 올림픽대로로 미끄러지고 있다. 아들은 옆자리에 앉아 말이 없다. 마음이 착잡한 모양이다. 과일을 몇 조각 먹더니 이내 잠을 잔다. 라디오의 채널을 바꾸는 사이 아들은 잠에서 깨어 과일 하나를 집어서 나에게 준다.

"너 많이 먹거라"라고 하지만 아들은 또 하나를 집어서 준다.

약 1시간여를 달리니 '인제'라는 도로표지판이 보인다. 고속도로 출구로 나와서 국도를 달리는데 신호가 많다. 하지만 평소에는 빨간색 신호등에 잘 걸리더니 오늘은 신호에도 걸리지 않는다. 애써 액셀에서 발을 떼어 본다. 그래 봐야 시속 60km 정도 차량의 시간으로 10분 후면 목적지에 도착을 한다고 한다. 왜 이리 시간이 빨리 가는지….

이윽고 저녁 7시경에 부대 앞에 도착을 한다. 부대 복귀는 9시까지 하면 된다고 하면서 부대에 복귀하기 전에 조금이라도 부대 앞 시내에서 걷고 싶다고 한다. 아들과 함께 인제 시내를 걷는데 인제 전통시장이라는 푯말이 보이고 뭔가 물건을 구입하기 위해 한 가게에 들어간다.

하지만 원하는 물건이 없어 그냥 나오고 만다. 길거리에는 사람들이 한적하다. 핸드폰으로 몇 장의 사진을 담아 본다. 아들과 같이 셀카도 찍는다. 약 30분 정도 걸었을까 아들은 마음의 정리가 되었는지 부대에 들어가겠다고 하고, 다음 달에 어쩌면 인근의 다른 부대에 파견을 나갈 수도 있다고 한다. 지난번 파견을 갔던 곳이라 평소에 지내는 부대보다는 어쩌면 시간이 빨리 지나갈지도 모른다고 한다.

혹시나 하여 요즈음 부대 내에서 구타 등 힘든 상황이 있느냐고 묻는다. 아들은 요즈음엔 그런 것은 없다고 한다. 그러면 기합을 받는 경우가 있는지도 묻는데 이 또한 없다고 한다. 다행이라는 생각이 들지만 군기 면에선 걱정을 하는 병사도 있다고 한다. 시대가 변하고 생각들이 많이 선진화되어서 다행이다. 어쩌면 요즘 세대들의 현명함 때문인지도 모르겠다.

차량 문을 열고 군용 가방을 멘다. 모자도 베레모로 바꾸어 쓴다. 아들과 포옹을 하고 아들은 부대 앞으로 걸어가는데 걸어가는 모습을 동영상에 담아 본다. 아들이 가는 모습을 조금 더 보기 위해 부대 앞까지 뒤따라간다. 이내 아들은 부대 앞 문을 지나 부대 속으로 들어간다. 이제 다시 군 생활이 시작되는 것이다.

작년 4월에 입대를 하였으니 다음 달이면 벌써 1년이 지나는 셈이다. 사회에서의 1년은 빨리 지나가지만 군에서의 1년은 실로 긴 시간이다. 아들의 군 생활은 이제 약 6개월이 남았다. 지금까지 잘 지냈듯이 남은 시간들도 잘 지내기를 바란다. 아들과 같이 군복무를 하는 모든 국군장병 여러분의 무사를 기원한다.

아들이 부대에 복귀한 다음 날의 허전함

부대로 복귀하는 날 점심 식사를 같이 하기 위해 아들이 먹고픈 장어를 미리 구입하였고 아들이 직접 요리를 해 보겠다고 한다. 요리를 하여 장어를 먹는데 속이 약간 덜 익었나 보다. 가스레인지 불의 조절이 필요해 보인다.

아내가 다시 요리를 하여 아들이 맛있게 먹을 수 있도록 한다. 아들은 한 입 먹어 보더니 맛있다고 하면서 나에게도 젓가락으로 집어서 준다. 맛있게 먹는 아들의 모습을 보니 뿌듯하다.

 아들은 휴가를 마치고 부대에 복귀를 한다. 못내 허전한 마음을 감출 수가 없다. 아들이 부대에 들어가는 날 아들의 모습을 남기기 위해 아들의 방에서 군복으로 갈아입는 모습을 동영상으로 촬영한다. 아내는 아들의 옷매무새를 봐 준다. 혹시 먼지가 있는지 보푸라기라도 있는지 베레모도 챙겨 준다. 아쉬운 마음에 아들의 등으로 연신 손이 간다. 아들이 무사히 복귀하여 군 생활 잘하기를 기원하는 마음일 것이다. 드디어 아들은 부대입구에 도착을 하였고 부대 근처에서 군부대 입구로 씩씩하게 걸어서 들어가는 모습을 동영상으로 찍게 된다.
 군부대 앞에는 촬영이 금지되어 있어서 부대 입구를 가는 곳까지만 촬영을 한다. 뒷모습은 점점 작아지고 아들은 군부대 앞을 지나가기 전에 잠시 뒤를 돌아본다. 아마 아버지를 보았을 것이다. 아마 남은 군 복무를 잘하고 '걱정하지 마시고 서울로 안전 운행하세요'라는 의미로 뒤돌아보았을 것이다. 아들이 부대의 철문을 통해서 들어가는 모습을 물끄러미 바라만 보고 있다가 발길을 돌린다.

 군부대에서 아들은 휴가를 다녀와서 그런지 일정한 시간 동안 격리를 한다고 한다. 격리를 하는 동안에는 핸드폰의 사용이 가능한가 보다. 점심을 먹는다고 카카오톡으로 연락이 온다. 짬밥이긴 하지만 미역국에 약간의 반찬이 나왔다고 한다. 맛있게 먹기를 바란다.
 속히 다시 군 생활에 잘 적응하기를 바라 본다. 어쩌면 군 내부에 있으면 훈련과 식사 등 단순한 생활을 하는 것이라 생활이 더 편안할 수도 있을 것이다. '다음 휴가이든 면회이든 집 생각이 날 땐 연락을 주렴. 아들이 원하면 언제든지 달려가마. 그리고 씩씩하게 군 생활 하기를 바란다.'

휴가를 신청했다고 카카오톡으로 연락이

5월의 중순이 되면서 한낮은 반팔을 입을 만큼 덥다는 말이 나온다. 하지만 건물 내에서의 아침저녁에는 약간의 쌀쌀한 감이 있다. 이렇게 하여 5월도 반이 지나가고 곧 6월이 올 것이고 아들의 전역일은 점점 다가오고 있다. 저녁 시간에 둘째 딸로부터 카카오톡을 열어 보라는 요청이 있다. 반가운 소식 아들이 휴가 신청을 하였다는 것이다. 6월 말에 무려 8일간의 휴가라고 한다. 아들을 볼 수 있다니 정말이지 기쁘다.

아들은 군 생활과 전역일이 기록되어 있는 군인전용 앱을 캡쳐해서 보낸다. 상병 군돌이 ***, 입대 2021.4.26. 전역 2022.10.25. 5개월 13일 남았습니다라는 기록이 보이고 D-166, 상병 5호봉, 다음 호봉은 2022.6.1. 다음 계급은 병장 2022.7.1. 전체 복무일 548일, 현재 복무일 382일, 남은 복무일 166, 다음 진급일 50일이라고 자세하게 기록되어 있는 앱이다. 여름에 병장으로 진급을 하고 계절이 한 번만 더 바뀌면 아들은 전역을 하게 된다.

전역이 며칠 남았는지 별도로 계산을 하지 않아도 바로 알 수 있는 편리한 앱으로 보인다. 편리하긴 하지만 하루에 몇 번이나 열어 보는지 궁금하다. 만약 자주 열어 보면 그만큼 생활이 힘들다는 것일 텐데 아들의 현명한 판단이 기대된다.

　6월에 아들이 휴가를 나오면 하고 싶은 것 먹고 싶은 것을 마음껏 할 수 있도록 해 주고 싶다. 어쩌면 밤에 근무를 나가지 않아도 되니 실컷 잠을 잘 수도 있을 것이고 먹고 싶다고 한 아귀찜을 먹을 수도 있고 어디 가고 싶은 곳이 있으면 갈 수 있게 해 주고 싶다. 무엇보다 중요한 것은 아들의 생각들을 모아 갈 수 있는 분위기를 만들어 주는 것이 어떨까 한다. 성인으로 성장한 아들에게 이래라저래라가 아닌 스스로 생각하고 스스로 행동을 하는 아들이기를 바란다. 어제 아들에게서 카카오톡이 왔는데 오늘 하루는 무척이나 길게 느껴진다. 아마도 아들이 휴가 나오는 날까지 길게 느껴지지 않을까? 아들 또한 휴가날만 기다릴 것으로 생각한다. 하루하루 지내다 보면 휴가 날짜는 금방 다가올 것이다. 아무리 더워도 아들을 볼 수 있으면 얼마나 좋을까? 아들의 생각이 훨훨 날아갈 수 있는 환경이 되었으면 좋겠다.

　이제 아들의 휴가를 기다리는 희망이 있어 좋다. 가끔은 힘들 때도 있지만 아들, 딸들의 모습을 보면 힘이 난다. 차츰차츰 아들이 휴가를 오면 무엇을 할 것인지 구상을 하다 보면 휴가날이 곧 올 것이다. 아자! 아자!

여름을 앞두고 면회 신청

본격적인 여름이 오지는 않았지만 한낮에는 거의 30도에 육박하는 기온이다. 아침에 반팔을 입기에는 약간 부담스러워 긴팔을 입는다. 하지만 한낮에는 제법 덥다. 기온의 차이로 인해서 아침엔 긴팔을 입고 낮에 더우면 팔을 걷는다. 계절의 흐름에 적응을 해 간다. 흐름에 적응을 하는 것이 어디 계절뿐이겠는가?

주위는 수시로 어떤 상황이든지 변화가 있다. 빠른 변화도 있고 긴 호흡이 필요한 변화도 있다. 나와 직접적으로 연관이 있는 변화도 있고, 나와는 거의 상관이 없는 변화도 있다. 우선은 나와 상관이 있는 변화가 있을 때 어떻게 적응을 할지 그 상황들을 살피고 적응하기 위해 어떻게 마음가짐을 해야 할지 생각을 하게 된다.

그 변화의 흐름이 빠를 때는 약간 뒤로 물러서서 객관화시키거나 아니면 다른 것에 신경 써서 현재의 상황과 약간 멀어지도록 하기도 한다. 그러면 조금 시간이 지나서 현재의 상황을 객관적으로 인식하게 되고 제자리를 찾아가는 작업을 내면에서 하게 되는 것 같다.

이제 점점 변화보다는 안정을 찾는 것으로 마음의 중심이 가 있는 것 같아서 제자리는 지극히 내 마음의 안정을 추구하게 되는 방향으로 하게 되는 것 같다. 그것이 옳고 그른 것과는 별개로. 왜냐하면 옳고 그른 것은 같은 현상을 두고서 서로 간에 의견이 정반대인 경우가 있는 것을 수시로 보게 된다.

　군에서도 처음 이병을 달게 되면 나보다는 주위의 눈치를 많이 보게 되고 내가 어디에 있는지 어떤 행동을 해야 하는지는 거의 주위의 상황에 의해 결정이 되는 경우가 많다. 시간이 흘러 일병이 되면 이제 군대가 뭔지 조금은 알게 되고 후임이 들어오게 되면 바쁘게 되고 위 아래 모두 신경을 쓰게 되어 조금은 더 어려울 수 있게 된다. 몇 달이 지나지 않아 상병이 되면 이제 어느 정도 후임의 숫자도 늘어나고 군대의 생리를 알게 되어 전보다는 안정을 찾아가는 시기가 되고 전보다는 책임을 더 느끼는 시기일 것이다. 군대 생활에서 병장이라고 하면 병들 중에서는 최고의 계급인데 육체적으로는 가장 편하고 좋을 수가 있을 것이고 최고의 안정을 생각할 수 있는 시기이다. 하지만 제대를 앞두고 또 다른 형태의 고민을 하게 될 것이다. 각 단계마다 안정의 정도와 고민의 정도가 다를 것이다.

　군대에 간 아들은 7월이 되면 병장이 된다. 그리고 4개월이 지나지 않아 제대를 하게 된다. 상병의 위치에서 어느 정도 안정을 찾아가고 있을 것으로 생각되는데 사회와 단절되어 있는 상태에서 안정이 최고가 아닐 수도 있겠다는 생각이 든다. 아들의 요청으로 면회가 신청되었다. 면회 시간이 4시간인데 이번엔 오후 시간으로 배정받은 것 같다. 카카오톡으로 먹고 싶은 것이 무엇인지 아내는 묻고, 아들은 먹고 싶은 음식을 카카오톡으로 남긴다. 주저함이 없이 차량을 몰고 대형 쇼핑몰로 향한다. 아들이 먹고 싶은 음식 구입을 위해서다. 당연히 쇼핑몰에 있을 것으로 생각을 하였는데 찾아간 곳에는 없어 다른 쇼핑몰로 향한다. 평소에 찾아간 매장의 위치로 가는데 진열하는 위치가 바뀌었는지 그 위치에 없다. 다시 눈을 부릅뜨고 찾는데 한참 만에 찾는 데 성공을 한다. 아들에게 먹고 싶은 것 모두를 구입했다고 하자 아들은 이내 '감사합니다'라고 답장을 보내 온다.

지난번 겨울 면회 시에 따뜻한 국을 먹게 하고 싶었는데 휴대용 가스레인지는 부탄가스를 휴대하게 되어 군에서 위험할 것 같아 가지고 가지 못한 적이 있는데 전기를 사용하여 국을 따뜻하게 하는 냄비를 주문한다. 로켓배송으로 1일이 소요가 된다고 하는데 그 냄비를 가지고 가서 따뜻한 국을 먹게 하고 싶은 것을 아내와 같이 공감을 한다.

이제 내일 모레면 아들을 만나러 강원도 인제에 가게 될 것이다. 면회시간이 오후라 오전엔 인제에 있는 자작나무 숲엘 갈 예정이다. 내 비게이션을 켜 보니 부대와 멀지 않은 곳에 있는데 아들의 면회와 동시에 아내와 여행을 하게 되어 좋은 시간이 될 것 같다. 면회 가는 날 차량을 쉽게 주차장에서 빼기 위해서 주차 위치를 옮기게 된다. 아울러 차량의 점검도 한다. 엔진 오일이며, 에어컨 냉매도 보충한다. 안전을 위해 차량의 다른 부분도 이상이 있는지 점검을 한다. 이 모든 것이 안전을 위한 일이다.

'사랑하는 아들, 면회날까지 건강하게 잘 지내고 그때 만나자꾸나.'

여름의 초입 아들의 면회

이번주는 주중에 지방선거가 있음에도 불구하고 날이 참 더디게 간다. 토요일 아들의 면회를 기다린다. 기대와 설레임으로 날을 보내면서 아내의 손은 바쁘다. 아들이 먹고 싶은 아귀찜이며 황금키위, 무화과 등 아들이 먹을 음식을 준비한다.

차량도 점검한다. 에어컨 상태와 타이어의 공기압 상태, 브레이크도 잘 작동을 하는지 등을 미리 점검한다. 오후 1시부터 면회가 시작되기 때문에 아침 9시 정도에 출발을 할 계획이다. 인제까지는 약 2시간이 소요가 되니 11시 정도에 인제에 도착예정이니 자작나무 숲을 보고 12시 30분까지 부대 앞에 가면 되겠다는 생각을 하게 된다.

그런데 토요일 아침에 내비게이션을 켠다. 아뿔싸! 인제까지 3시간 30분이 소요가 된다고 한다. 오늘이 3일간의 연휴 시작일이라 강원도 방향으로 차량이 집중적으로 몰린 모양이다. 인제까지 가는 방법에서 최저시간을 선택한다. 지금이 아침 9시이니 면회 시작 시간까지는 충분히 도착할 수 있겠다라고 생각하고 서둘러 출발을 한다. 평소에는 올림픽도로를 지나 춘천 방향 서울 양양 고속도로를 이용하였는데 내비게이션의 최저시간을 선택하니 성남시를 거쳐서 강릉방향으로 안내를 한다.

처음엔 마음의 여유가 있었다. 하지만 차량이 진행함에 따라 복병이 나타난다. 성남시를 빠져나오는 시간만큼만 해도 1시간 이상이 소요된다. 여주를 지나는 데 약 3시간이 소요가 되었다. 인제에 도착 예정 시간이 12시 30분에서 1시가 넘어간다. 한동안은 차량의 흐름이 좋다. 하지만 내가 모르는 길에서 차량의 진행은 되지 않고 주차장이다. 원인도 전혀 알 수 없는 상태에서 마냥 길 위에서 기다린다.

차량의 진행은 조금씩 되는데 '도로공사중'이라는 복병을 만나게 되고, 도착예정시간은 2시가 넘어간다. 인제 근처에서는 하필 오늘 도로공사를 하다니. 면회시간이 4시간인데 벌써 1시간이 지나 버린 것이다. 차량은 또다시 느려진다. 도착 예정 시간이 3시라고 안내를 한다. 차량의 정체가 조금 풀리는 곳에서는 반사적으로 액셀을 밟는 깊이가 더해지고 다시 빨간 신호에서 기다리게 된다. 면회 시간의 절반을 도로 위에서 허비한 것이다.

이제 부대까지는 10km 전인데 차량의 진행 속도가 느리다. 내비게이션에서는 우회 도로로 안내를 한다. 처음엔 소통이 되는 듯 싶더니 곧 도로는 막히게 된다. 도로를 이용하는 차량들이 내비게이션을 보고서 우회 도로를 이용하였을 것이므로 원래 진행하던 도로와 대동소이하다. 이제는 마음이 바뀐다. '오늘 중으로 아들을 볼 수 있으면 좋겠다'라고. 아들이 많이 기다릴 것 같아 아내의 손은 '차량의 정체가 심하니 뭐라도 먹고 기다리는 것이 좋겠다'라고 카카오톡으로 아들에게 보낸다. 다른 일도 아니고 아들의 면회를 가는데 2시간이나 늦다니!

드디어 아들의 부대 앞에 차량은 도착한다. 다행이다. 위병소에서 병사가 나온다. 용건을 물어보고 아들의 면회를 왔다고 이야기한다. 그 병사는 절차에 따라 내부와 교신을 한다. 신분을 확인하고 코로나 19에 대한 문진표 등을 작성하게 하고 주민등록증을 받고 방문증을 내어 준다. 부대 내에서 베레모를 쓰고 걸어오는 아들의 모습이 보인다. 가슴이 뭉클하다. 오후 시간이라 면회실에서는 다른 면회자가 없어 테이블 모두를 사용한다.

먼저 아귀찜을 데우기 위해 미리 구입한 전기냄비에 아귀찜을 담고 전원을 켠다. 아내는 따뜻하게 데워진 아귀찜을 아들 앞에 놓는다. 김이 모락모락 나는데 한결 맛있게 보인다. 키위며 떡이며 무화과 등 맛보기를 요청한다. 아들이 먹는 모습을 보니 보기만 해도 배가 부르다. 먹는 모습을 동영상에 담아 본다. 아들은 어제 밤을 새워서 위병소 근무를 섰기 때문에 오전엔 취침을 하였다고 하는데 지금이 오늘의 첫 식사라고 한다. 배가 많이 고팠을 것 같다. 어느 정도 먹는 것을 보고 기념사진도 찍는다. 아내와도 찍고 같이 셀카도 찍는다.

면회시간 4시간 중 늦게 도착을 하여 2시간 동안 음식을 먹는데 시간은 금방 지나간다. 4시 50분에 자리에서 일어나기로 하고 부대 내에서의 생활에 대해 이야기를 한다. 분명 예전과는 다른 분위기인 것은 맞는 것 같다. 많이 먹은 아들에게

"소화를 시킬 겸 쪼그려 뛰기라도 해 보거라."

라고 말하자 아들은

"그것이 뭐예요?"

라고 반문한다. 아하! 분명 과거와는 다른가 보다. 문제가 발생되었을 때 기합 등의 벌은 없어지고 그 대신 진급 등이 늦어진다고 한다. 요즈음 중고등생에게 주는 벌점 등을 받는 것과 비슷한 느낌이다. 어쩌면 현명한 방법일 수도 있겠다는 생각이 든다. 아들은 군 가방에서 뭔가를 꺼낸다. 군에서 나오는 지원금으로 구입한 책이라고 하는데 약

7~8권을 모두 읽었다고 한다. 짐이 많으므로 미리 집에 두기를 요청한다. 빈 가방에 무화과며 몇 가지 먹을 것을 넣을 수 있으면 좋겠다고 하고 분위기에 맞게 행동하기를 요청한다.

다음 달이면 아들은 특별한 사유가 없으면 병장으로 진급을 한다. 병들 중에는 최고의 계급인데 약 4개월간 병장으로 지내게 된다. 휴가가 약 20여 일이 있으니 이번 달만 지나면 실제 군복무를 하는 시간은 약 3개월이 남게 된다. 물론 아들도 알겠지만 제대 몇 개월 전부터는 떨어지는 낙엽도 피한다는 말을 아들에게 해 준다. 아들은 휴가신청이 6월 말로 확정되었다고 말한다. 약 3주만 지나면 또다시 아들과 만날 수가 있다.

그동안 씩씩하게 잘 지내길 당부하고 아들이 부대 내로 먼저 들어가기를 요청한다. 아들의 뒷모습을 동영상에 담는다. 차량을 돌려 부대 밖으로 나온다. 아들을 군에 남기고 집으로 차량을 향하게 된다. 지난번 면회 때와는 다르게 조금은 더 안심이 되고 예전과는 다른 느낌이다. 제대하는 그날까지 모든 군인장병들의 무사를 기원해 본다.

아들이 세 번째 휴가를 나오다

오늘은 드디어 기다리던 아들이 휴가를 나오는 날이다. 토요일 아침에 아들은 출발을 한다고 한다. 오전에 약간의 볼일을 보기 위해 집을 나서고 돌아오면 아들의 귀가 시간과 비슷하게 맞을 것 같다. 오전 시간은 금방 지나간다. 집의 문을 여는데 아들이 벌써 집에 와 있다. 군모자를 쓴 채 웃는 얼굴이다. 순간 머리부터 발끝까지 아들을 살핀다. 건강하게 보여 다행이다.

그런데 아니 이런! 머리가 많이 길었나 보다. 바로 아들에게 제안을 해 본다.
"머리를 깎아 줄까?"
아들은 흔쾌히 받아들이고 머리 깎는 기구를 준비한다. 아들이 입대를 할 때 머리를 깎아 주고 그 이후는 처음이다. 약간의 스포츠형 머리보다는 짧아야 한다고 하는데 군에서 외출이 힘들었는지 머리카락이 제법 길다. 자른 머리카락이 옷에 묻지 않게 하기 위해 우의를 준비하고 목 아래 부분으로 자른 머리카락이 들어가는 것을 막기 위해 우의의 목깃으로 아들의 목을 감싸서 집게로 집는다. 한 손엔 빗을 잡고 한 손엔 미용 기계를 잡고 아들의 머리카락을 정리한다. 아들의 머리카락은 검정색으로 윤기가 난다.
며칠 전에 나의 머리를 깎을 때는 흰머리가 많았었는데 아들의 건강한 검정색 머리카락이 손끝으로 느껴진다. 군에 간 아들의 머리카락을 다듬는데 마음이 뿌듯하다. 귀대 전에 나머지 잔머리카락 정리를 하기로 하고 머리 깎는 작업을 마무리한다. 머리를 깎고 난 아들의 모습은 한결 정리가 된 모습이다. 아내는 아침 일찍 일어나 아들이 먹고 싶어 하는 아귀국과 명란 계란말이를 미리 준비한다. 그만큼 아들이 많이 보고 싶은가 보다. 아들의 머리를 깎는 동안에 큰딸은 점심을 준비한다. 전날 아들이 먹고 싶어 하는 장어 등을 미리 구입하였는데 큰딸은 장어요리며, 명란 계란말이와 키위 등을 식탁 위에 내어 놓는다.

큰딸 작은딸 아들과 같이 먹는 점심 식사이다. 이 흐뭇함이 바로 행복인 것 같다. 맛있는 요리를 먹으며 밥을 금방 비운다. 원래의 계획으로는 일원동에 있는 추어탕을 파는 식당에 가서 점심을 먹으려고 하였는데 '집에서 먹자'라는 큰딸의 제안에 금방 수긍을 잘 했나 보다.

저녁시간이 되기 전에 핸드폰의 벨이 울린다. 아내가 일을 마치고 왕십리에서 출발을 한다고 한다. 집까지 30분이면 도착을 할 것 같다. 저녁 시간을 아이들의 외할아버지와 외할머니와 같이 보내기 위해 차량 내 3열의 자리를 펴고 짐을 정리한다.

이윽고 차량은 식구 모두를 태우고 처가로 향한다. 출발한다는 전화를 드리고 차량은 약 1시간여를 달린다. 집 근처에 다다르자 가을이(강아지)의 짖는 소리가 들린다. 아마 산책을 시켜 달라고 반기는가 보다. 장모님은 외손자가 좋아하는 아귀국을 미리 끓여 놓으시고 기다리신다. 아내는 나머지 반찬들을 준비하여 저녁 식사를 같이 한다. 토요일 저녁 찾아오는 외손자가 반가우신가 보다.

저녁을 맛있게 먹고 자리에서 일어나려는 순간에 장모님은 하룻밤 자고 가기를 청하신다. 잠을 자기 위한 준비를 미리 하진 않았는데 군에서 휴가 나온 외손자와 더 많은 시간을 보내고 싶어 하시는가 보다. 시골에서의 밤은 일찍 찾아온다. 덕분에 아들과 같은 방에서 잠을 자게 되는 행운이 온 것이다. 흐뭇하다. 집이 동향이라 해는 일찍 뜨고 새소리에 잠을 깨게 된다. 오늘 오후부터 장마비가 온다고 하여 심어 놓으신 감자를 캔다고 하신다. 덮어 놓은 농업용 비닐을 벗겨 내고 호미를 사용하여 탐스런 감자를 캐기 시작한다. 아내는 새벽에 일어나 캔 감자로 국이며, 찜, 채로 썰어 한 요리 등을 준비하여 아침상을 뚝

5. 군 생활의 오아시스, 휴가와 면회 **167**

딱 차려 낸다.

　아들의 휴가기간 중에서 일요일 하루만 온전히 가족과 보낼 수 있는 날이다. 차량을 서울로 향한다. 약간의 휴식을 취하고 경기도 의왕시에 있는 '타임빌라스'(아웃렛 매장)로 향한다. 아웃렛과 야외의 정원을 합쳐놓은 것 같은 장소인데 지하주차장이 꽉 찬다. 점심을 먹기 위해 식당가를 걷는다. 베트남 식사를 할 수 있는 곳으로 향한다. 메뉴가 적당하다. 쌀국수 요리와 볶음밥 요리가 맛있게 보인다. 아들은 해물 쌀국수 요리를 주문하고 각자 다른 요리를 주문한다. 아들이 연신 땀을 흘린다. 음식이 매운가 보다. 아내는 볶음밥을 조금 덜어서 아들에게 내민다. 밥이 있으면 조금은 매운맛이 희석될 것 같다.
　다들 맛있게 점심 식사를 마치고 '타임빌라스' 내부를 같이 걷는다. 아들은 쇼핑을 하고 싶다고 하여 별도로 움직인다. 10분이 채 흐르기 전에 아들에게서 전화가 온다. 건물 내에 오케스트라 공연을 한다고 한다. 아들이 알려 준 장소로 향한다. 피아노, 바이올린, 첼로 등 약 5가지 악기로 클래식 음악을 들을 수 있는 행운을 얻게 된 것이다. 식구들 모두 식사를 하고 클래식 음악을 같이 듣다니 마음이 흐뭇하다. 같이 보내는 시간이 마냥 좋다. 아들이 입대를 하기 전에 강원도 춘천에 가서 감자빵을 구입한 적이 있는데 그 감자빵이 '타임빌라스' 안에도 입점을 하여 구입을 할 수 있었다. 아들도 맛있게 먹는다. 타임빌라스의 옥상에 올라가는 길을 따라 간 옥상에서 본 경관은 좋다. 백운호수가 보이고 인근의 산은 비가 온 뒤라 맑고 바람 또한 시원하다. 약간의 피곤함을 가지고 차량은 집으로 향하게 된다.

외출 후의 잠은 보약이다. 특히 아들의 자는 모습을 보는 것은 흐뭇함 그 자체이다. 휴가 날짜는 총알과 같이 빨리 지나간다. 벌써 3일이 지난다. 평일에는 일을 해야 하기 때문에 일터에 가게 되는데 퇴근 후에는 약 1시간 정도 아들과 이야기를 나눌 수 있는 시간이 된다. 아들은 오늘 큰딸과 같이 코엑스 내에 있는 '아쿠아리움'에 다녀왔나 보다. 카카오톡에 연신 사진이 올라온다. 아들의 모습과 물고기들의 동영상도 보인다. 엄마와 아버지가 일하는 사이 큰딸이 부모 노릇을 한 것이다. 남매지간에 동행하여 멋진 날을 보낸 것에 대해 흐뭇하게 생각한다. 이렇게 하여 또 하루가 지나간다. 이제는 2일이 남았다. 아내의 일터에 헬스장이 있다고 카카오톡이 온다. 아들은 평소에 헬스장에 가서 운동하는 것을 좋아하는데 동행을 하니 아내가 흐뭇해할 것 같다. 오늘 퇴근 후 저녁에 아들과 만나면 헬스장의 어떤 기구를 사용했는지 물어봐야겠다. 아내와 함께 운동을 한 아들이 몸의 근육과 아내의 정성으로 차려 주는 음식으로 마음의 근육이 함께 쑥쑥 자라기를 바란다.

또 하루가 지나가고 큰딸이 시간을 내서 종로구 익선동에 있는 '청수당'이라는 카페에 아들과 같이 동행을 한 모양이다. 카페의 전경이며 찻잔에 더운 물을 부어서 차를 내리는 장면 등의 사진을 카카오톡으로 보내 온다. 아들은 큰누나와 같이 오붓한 시간을 보내고 있는 것 같다. 남매가 같이 무슨 이야기를 나누고 있을까? 흐뭇한 생각이 밀려온다. 어느새 6박 7일간 아들의 휴가는 이제 하룻밤만 더 자면 귀대를 해야 한다. 정말 시간이 빨리 지나간다.

"내일 귀대 시에 어떻게 갈려고 하니?"

"버스로 가려고 해요."

"예매를 미리 할까 봐요."

"그렇게 하렴."

아들과 대화를 나누어 본다. 아들은 일정과 해야 할 일의 순서를 미리 머릿속에 가지고 있었던 것이다.

오늘 저녁이나 내일 새벽에 지난번 마무리하지 못했던 아들의 머리카락을 정리하는 시간을 가지려고 한다. 응해 주는 아들이 있어 기분이 좋다. 귀대 전에 머리를 깎으면 한결 마음의 정리가 될 것 같다. 귀대하는 날 아들은 새벽 5시 30분에 기상을 한다. 귀대 시 챙겨야 할 것을 미리 챙기기 위해서인 것 같다. 그중에서 머리에 대한 부분도 있다. 윗머리는 1cm 이하 옆머리와 뒷머리는 약 0.6cm 이하여야 한다고 한다. 우의로 아들의 윗몸을 감싸고 미용도구를 이용하여 아들의 머리를 손질한 지 약 20분이 지나서야 마무리가 된다. 아들의 머리카락이 짧아진 만큼 아들의 남은 복무기간이 짧아져서 제대하는 날이 빨리 다가오기를 바란다.

평일에는 일을 해야 해서 아침 일찍 집을 나선다. 오늘의 일정은 미지수이라 혹시 모르니 아들에게 물어본다.

"오늘 집에서 몇 시에 출발을 할 예정이니?"

"16시경에 집에서 나갈 예정이예요."

"그래 이따가 연락하마."

집을 나서는 발걸음이 무겁다. 부대로 복귀하는 날 아들의 모습을 보았으면 하는데 마음대로 되지 않을 수도 있을 것 같다는 생각이 든다. 하루의 일정을 조정하고 또 조정해 본다. 오후엔 아들의 귀대 모습을 볼 수 있을 것 같아 다행이다. 동서울터미널이 있는 강변역으로 향한다. 도착 시간은 16시 10분경이다. 동서울터미널에는 오후 시간이라 귀대를 하려는 듯한 여러 군인들의 모습이 보인다. 오늘 아들은 오전에 엄마의 일터에 가서 먼저 인사를 하고 도시락을 싸서 뚝섬에서 누나들과 같이 점심을 먹고 어린이대공원역 인근에 있는 애견카페에 갔다고 한다. 카페에는 사각형의 울타리를 쳐 놓고 그 속에 애견들이 있는 카페라고 한다. 여기에서 바로 강변역으로 간다고 한다. 아들에게서 전화가 온다.

"지금 강변역에 도착을 하였어요."

"그래 길을 건너서 동서울터미널로 오너라."

아들은 사복을 입고 있고 큰딸은 군복을 들고 있고 작은딸은 군화를 들고 있다. 군복을 입고 다니기가 그래서 인제로 가는 버스에 승차 전에 옷을 갈아입기 위해서라고 한다. 귀대를 하는 날에 딸들이 모두 출동을 한 것이다. 고맙다. 아들은 군복으로 갈아입고 다시 승차장 앞으로 온다. 이제 귀대 승차를 할 시간이다. 17시 출발 전 10분 전이다. 개찰이 시작되고 아들은 버스에 승차를 한다. 자리는 운전석 뒤 2번째 창가쪽 자리이다. 차량의 왼쪽으로 가 본다. 차창 밖에서 아들의 모습을 바라본다. 이 모습을 보고 큰딸은 동영상으로 남기면서 한마디 한다.

"이산가족 상봉 후 헤어지는 모습 같아요."

차량 내부엔 군인이 약 10여 명이 탑승을 한 것으로 보여서 다행이다. 같이 가는 군대여서 위로가 되지 않을까 싶다. 아들은 핸드폰으로 글씨를 적어서 차량 밖에서 보이게 내민다.

"잘 지내요."

고개를 끄떡인다. 이윽고 17시가 되고 아들이 탄 차량은 동서울터미널을 바로 빠져나가서 강원도 인제로 향한다.

이렇게 하여 늠름한 아들의 3번째 휴가는 마무리가 된다. 약 2시간 후에 아들의 전화가 온다. 인제에 잘 도착을 하였다고 한다. 평일이라 차량이 밀리지는 않았나 보다. 다행이다. 다시 시작되는 군 생활에 한결 힘을 얻었으리라 기대해 본다. 휴가 내내 같이 있어 주지 못해 미안하지만 이는 아들도 이해해 줄 것이다. 그동안 책상이며 책장을 정리하고 옷가지도 정리를 하였다고 한다. 마음을 잘 추스려서 건강한 군 생활을 하고 약 3개월여 후에 건강하게 제대하기를 바라며, 마음속으로 소리내어 본다.

"아들 사랑한다."

6 코로나 19 속에서의 군 생활

코로나 19 시국에서의 부대 복귀

군대에서의 코로나 19에 대한 대비는 실제로 철두철미하게 한다. 외부와 단절된 생활이라 내부의 군인들만 있을 때는 감염의 경우가 적겠지만 장교나 하사관의 경우는 출퇴근을 하는 경우가 있어 동거 가족 또는 외부의 다른 환경에서 감염 가능성이 있고 만약 감염이 될 경우에 내부 군인들에게 감염될 가능성이 있을 것이다. 장병들의 경우도 외출 시의 식당 또는 외부의 다른 장소에서 조심을 해야 하는 경우가 되며, 면회를 오는 경우에는 부모님이나 친구들의 신속항원검사 결과가 있어야 면회가 가능한 것이다.

개인의 상황에 따라 휴가를 나오는 경우가 있는데 부대에 복귀하기 전에 PCR검사를 받아서 음성이 나와야 부대에 원활하게 복귀를 할 수 있다고 한다. 부대 복귀 2일 전에 선별진료소에서 검사를 받는다. 일반인일 경우엔 신속항원검사를 먼저 실시하여 양성인 경우나 고령자의 경우에 PCR검사를 받는다고 하는데 군인의 경우에 바로 PCR검사를 받을 수 있다고 한다. 아들도 부대에 복귀하기 2일 전에 검사를 받는다. 검사 다음 날 바로 문자로 음성이 나왔다고 한다.

〈웹발신〉 ***님
코로나 19 PCR검사 결과 '음성'입니다.
서울특별시 **보건소
라고 적혀 있다.

이 문자메시지를 부대에 먼저 보내 주어야 부대 복귀를 쉽게 할 수 있다고 한다. 부대에 복귀를 하더라도 약 1주일 정도는 격리를 한다고 한다. 아마 외부에서 감염이 될 경우 잠복기간이 있을 수 있으므로 그렇다고 한다. 특히 사람이 많이 다니는 곳에 가질 않았고 주로 집에서 지냈으므로 감염은 되지 않았을 것으로 생각은 되지만 군 내부의 입장에서는 원칙을 지키는 것이 좋을 것이다. 보통 장병들의 나이가 20대 초중반이라 면역의 경우에 최고의 상태가 아닌가 생각이 되는데 군 내부의 전투력에 차질이 생기면 안 되니까 철저하게 대비를 하는 것이 당연한 것이 아닌가 한다. 코로나 19 바이러스가 눈에 보이질 않으니 아무리 조심을 한다고 해도 자신도 모르게 감염이 되는 경우가 대부분일 것이다. 개인이 할 수 있는 일은 마스크 착용과 개인 위생을 철저히 하는 방법이 최선일 것이다. 군인장병 모두 코로나 19에 감염이 되지 않고 건강하게 잘 지내기를 바란다.

군에서의 자가 격리

아들에게서 낮에 전화가 온다. 보통 일과 시간이 끝나고 반납했던 핸드폰을 지급받는다고 하는데 오늘은 일찍 핸드폰을 받았다고 하면서 큰 이슈가 있다고 한다. 순간 가슴이 철렁 내려앉는다. '무슨 일이라도 일어난 걸까?'

전화 수화기 너머로 아들의 상기된 목소리로 부대 내에 확진자가 발생되었다고 한다. 코로나 19는 군이라고 예외는 아닐 것이다. 부대 내부에서 신경을 많이 쓸 것 같고 확진의 확산이 되지 않도록 만전을 기하는 분위기일 것이다. 우리나라에서 요즈음엔 확진자가 세계에서 1위라고 한다. 신문 기사를 보면 확진자가 전 세계의 27%를 차지한다고 한다. 한때는 K방역이라 하여 전 세계의 모범적으로 방역을 잘한다고 매스컴을 통해서 보았는데 어찌된 일인가? 다행히 이번 오미크론의 경우엔 전파력은 빠르지만 치병율은 낮다고 한다.

주위에서 보면 심한 감기나 독감 정도라는 시각도 있는 것 같다. 마른 기침과 열이 나고 인후통이 있는 경우도 있다고 한다. 전 세계적으로 오미크론이 코로나 19 우세종으로 자리를 잡았다는 이야기를 매스컴을 통해 들었는데 어느새 스텔스 오미크론이란 것이 나왔나 보다. 현대의 의학 기술도 발전하지만 이에 반해서 바이러스의 변이 또한 상당히 빠른 속도로 진화하고 있는 것 같다.

사회생활을 하면서 사람과의 접촉은 지속되어야 하는데 코로나 19가 창궐한 지 2년이 넘었다. 어디가 끝인지 아직도 우리나라에서 하루에도 수십만 명이 코로나 19에 확진이 된다고 하는데 걱정이다. 개인이 할 수 있는 방법은 개인 위생을 철저히 하는 것이고 충분한 휴식을 취하면 도움이 된다고 한다.

아들은 지난주 휴가를 마치고 부대에 복귀를 하였는데 아직 격리 중이라고 한다. 군부대라는 곳이 사회처럼 충분한 공간이 있질 못하여 격리일 경우는 장소가 애매할 것 같다. 아들의 말에 의하면 부대 내에 위병소 내에 면회실이 있는데 이곳을 이용하는 방법이 있다고 한다. 여러 가지 주위 환경이 열악할 텐데 군의 특성상 단체 생활을 하기 때문에 특별한 장소를 마련하는 것은 쉽지 않을 것으로 생각된다.

핸드폰 통화를 하면서 바로 아버지의 역할을 아들에게 하는 모습을 보게 된다.

"소금을 구할 수가 있으면 하루 3번 가글을 하고, 몸의 무리는 피하고, 마스크를 꼭 착용하거라."

내가 얘기하지 않아도 아들이 알아서 할 텐데 말이다.

어떤 이는 말한다. 아무리 개인 위생을 잘해도 확진자가 되는데 이는 순서가 조금 빠르고 운에 따라 늦게 걸리는 경우가 있다고 하는데 이는 전파력이 크기 때문이 아닐까 생각한다. ABO식 혈액형에 따라 신종 코로나 19 감염의 여부 및 위중증과 사망 위험이 다르다고 영국 보건연구원과 케임브리지대, 오스트리아 비엔나 의과대학 연구팀의 연구가 있었다고 한다. 혈액 내의 단백질 중 코로나 19 바이러스와 관련이 있는 단백질을 찾기 위해 3,000 종류 이상의 단백질을 분석하여 코로나 19 위중증과 사망과의 관계를 연구하여 '플로스 유전학'이라는 학술지에 발표를 하였다고 한다. 혈액형을 결정하는 단백질이 코로나 19의 위중증과 사망에 관련이 있다는 것이다. 혈액형이 'O'형의 경우와 'A'형의 경우가 다르다고 한다. 이 시점에서 중요한 연구결과가 아닌가 생각한다. 그리고 개인의 면역력의 차이가 분명 있을 것이다. 'O'형의 경우라도 해도 확진이 많이 생기는 경우가 있을 것이기 때문이다. 다만 개인 위생은 언제나 철저히 하고 몸 관리를 잘해야 하는 것이 최선일 것이다. 외부의 사람과 대응이 적은 군대인지라 방역을 철저히 할 것으로 생각되나 면회나 휴가가 있고 출퇴근을 하는 군인이 있어 완벽하게 차단을 하는 것은 어려움이 많을 것으로 생각된다. 외부와 차단이 되어 있어 확진이 되어도 그 전파력은 사회보다 낮을 것으로 생각으로나마 위로를 해 본다.

혹시나 하여 군 내부의 밴드인 '수호신'에 들어가 보는데 별다른 소식은 없다. 사회와 달리 군의 책임자들이 분명 신경을 더 쓸 것으로 생각하고, 군에서 코로나 19 확진이 발생되면 개인뿐만이 아니라 군의 전투력이 약해지기 때문에 더 철저히 하리라 기대해 본다.

군 내부에서 발생한 확진자

아들이 귀대를 한 지 열흘이 지나간다. 휴가 후 귀대를 하면 격리를 한다고 하는데 격리 중 생활은 어떤지 아들에게 카카오톡을 보내본다. 마침 아들이 핸드폰을 가지고 있어서인지 금방 답장이 온다.

군 내부의 생활관에 있다고 한다. 내무반과 식당은 알겠는데 생활관은 어떤 역할을 하는 곳인지 모르겠다. 내무반과 다른 곳인지 난방은 제대로 되는지 궁금하다. 부대 내에서 확진자가 계속 발생이 되는 모양이다. 확진자가 아닌데 격리를 하는 경우와 확진자의 격리가 어떻게 되는지 궁금하던 차에 아들은 말한다.

"확진자는 영내에 있는 교회에서 대기를 해요."

라고 한다. 여기 또한 난방 등 시설이 어떤지 모르겠다. 아마 일반 사회와 같은 시설은 아닐 것으로 생각되는데 그나마 부대 내에 격리를 할 수 있는 장소가 있어 다행이다.

요즈음 연일 확진자 숫자가 기록을 갱신하고 있다. 인구의 1%가 매일 발생이 되고 사망자도 급증을 한다고 한다. 젊은 층의 경우는 확진이 되어도 증상이 없거나 가볍게 지나간다고 하는데 고령자에겐 특히 기저질환이 있는 경우는 위중자가 될 가능성이 많다고 하니 이는 온 나라로 확산이 되는 것은 아닌지 걱정의 목소리가 들린다. 정부는 정부대로 개인은 개인대로 최선을 다하고 있는데 슬기롭게 대처를 잘해서 다들 피해가 최소화되었으면 좋겠다. 오미크론이 대세가 되었다는 뉴스를 통해 듣게 된 지가 얼마 되지 않았는데 '스텔스 오미크론'이라는 용어가 나온다.

여태 보고된 바가 없는 진화된 코로나 19 바이러스라고 하는데 일부 나라에서 감염되었다는 기사를 보게 된다.

현대 의학이 발전함에 따라 바이러스도 같이 진화가 되어 서로가 살아남기 위해 변이는 계속된다고 한다. 누구는 단순 독감이라고도 하는데 사망자가 늘고 있는 상황이라 무시할 수 없는 존재가 아닌가 생각한다. 이번 팬데믹의 끝은 어디인가? 과연 현대 의학으로 예방과 치료가 가능한 것인가?

여러 가지 생각들이 스쳐 지나간다. 군 내부에서 발생한 확진자가 속히 완쾌하기를 바라며 국군장병 여러분 모두의 건강을 기원합니다.

코로나19가 속히 종식되길

 요즈음 오미크론의 확산세가 전 세계적으로 1위를 달리고 있다고 한다. 가까운 사람에게서 확진 소식이 온다. 1차로 PCR검사를 받았는데 음성이라고 해서 안심을 하였다고 한다. 약 2일이 지나고 목이 따끔해서 다시 PCR검사를 받았다고 한다. 백신을 3차까지 맞았기 때문에 음성이기를 기대하였는데 양성 반응이 나와서 확진이 되었다고 한다. 약 1주일 정도 격리를 하여야 한다고 한다. 나도 혹시나 해서 신속항원검사를 실시한다. 면봉을 통하여 양쪽 코를 번갈아 10회 이상 돌려서 콧속에 있는 검체를 채취한다. 채취한 검체를 용액과 섞어 검사기구의 S로 표시된 곳에 3방울을 떨어뜨린다.
 이때 급하게 3방울을 떨어뜨리지 말고 천천히 3방울을 떨어뜨린다. 이 상태에서 평평한 곳에 두고 약 15분 정도 기다린다. 양성인 경우는 C와 T가 표시된 곳에 빠르게 빨간색의 줄이 나타나고 음성의 경우는 C에만 빨간색 줄이 나타난다고 한다. 아들이 휴가를 나와 있는 상황이라 더 신경이 쓰이는 것이 사실이다.

 내일 모레면 대통령 선거 투표도 해야 하는데 아이들에게 급하게 카카오톡을 보낸다.
 '첫째, 몸을 무리하지 않기. 둘째, 하루에 3차례 소금물로 가글하기. 셋째, 가능하면 더운 물 여러 차례 마시기'라고 작성을 하여 보낸다. 이번 오미크론은 인근 약사의 말에 의하면 감기와 비슷하다고 한다.

감기와 비슷하다면 위의 처방이 적중을 할지는 모르지만 예방을 하는 데 도움이 되리라 생각한다. 확진자의 말에 의하면 목이 따끔따끔하다고 하고 쉰 목소리가 난다고 한다. 전에는 확진이 되면 2주간 격리를 하지만 지금은 1주일간 격리를 하고 격리 후에 바로 정상적인 생활을 할 수가 있다고 한다. 공적인 활동이든 사적인 활동이든 확진이 되면 제약이 있게 마련인데 예방을 한다고 하지만 눈에 보이지 않는 바이러스라 내 몸속의 면역력을 키우는 것이 최선이 아닌가 생각한다.

 백신을 맞고 면역력을 키우면 중증보다는 경증으로 넘어가는 경우가 많다고 하는데 확진이 되기 전 예방이 된다면 이것이 제일 좋을 것 같다. 요즈음에는 가족을 위해서 오늘은 집에서도 마스크를 착용하고 식사 시에는 반찬을 따로 덜어서 먹고, 면역력을 키우기 위해 일찍 잠자리에 들어야겠다. 아들이 신성한 국방의 의무에 최선을 다하고 있는데 아버지가 확진이 되지 않기 위해 노력한다.

 과거 스페인독감이 1918년에 처음 발생해 2년 동안 전 세계에서 2,500만~5,000만 명의 목숨을 앗아 갔다고 하는데 그 당시 정확한 기록을 찾기가 쉽지는 않지만 14세기 중기 즈음에 페스트가 유럽 전 지역을 휩쓸었을 때보다도 더 많은 사망자가 발생하였다고 하는데 지금까지도 인류 역사상 최대의 재앙이라고 할 수가 있다고 한다. 스페인독감은 정확하게 발생한 장소를 알기는 어렵고 시기 또한 추정만 할 뿐이라고 한다. 현재 발생하고 있는 코로나 팬데믹이 지속되고 변이가 발생하고 오미크론까지 확산되고 있어 언제 종식이 될지 깜깜한 상황이다. 이럴 때일수록 자중을 하면서 조용하게 지내는 것이 최선이 아닌가 한다. 확진자들은 빠른 쾌유를 기원하고 아닌 분들은 개인 위생에 만전을 기하여 슬기롭게 위기를 넘기기를 바랄 뿐이다. 군인인 아들 파이팅!

확진이 되었어요

아들에게서 연락이 없어 훈련 중이거나 아니면 다른 사정이 있겠다는 생각을 하게 된다. 그래도 아내는 아들의 안부가 궁금해서 나에게 연락이 왔냐고 묻는다.

"무소식이 희소식이겠지"라고 말한다. 아들의 무사를 기원하고 있는데 며칠 만에 아들에게 전화가 온다. 반가움이 목 깊숙한 곳을 자극한다. 그런데 아들의 목소리가 이상하다. 마치 감기에 걸린 듯하다. 아니나 다를까 아들은 말한다.

"저 확진이 되었어요."

마침 핸드폰을 콘크리트 바닥에 떨어뜨려서 약간의 고장으로 인해 연락을 못 하였다고 한다. 군 내부에 있으면 외부와 차단이 되어서 오히려 안전할 것이라는 생각을 하고 있는데 어떻게 된 일인가? 머릿속은 복잡해진다. 사회에 있으면 약이라도 사서 줄 텐데. 지금은 군복무 중이라 어쩔 수 없는 것이 마음이 아프다. 아들은 엄마가 걱정할까 봐 엄마에게는 말을 하지 말라고 한다. 아들의 생각이 기특하다. 원인이 뭘까? 아들은 지난 2022년 3월 초에 휴가를 나온 적이 있다. 건강하게 잘 지내고 귀대를 하기 전에 PCR검사에서도 음성이 나와서 무사히 귀대를 하였다. 복귀자는 의무적으로 격리를 한다고 한다. 격리자들은 생활관(?)이라는 곳에서 생활을 한다고 하고 확진자의 경우는 군 내부 면회실에서 지낸다고 한다. 생활관에서 격리하는 군인 중에서 확진자가 나왔다고 한다. 아마 같이 지낸 장병으로부터 확진이 된 것으로 추정한다.

의심증세가 있어서 최종 PCR검사를 받았는데 확진이 되었다고 한다. 건강하였는데 격리로 인해 확진이 되었다니 쉽게 받아들여지기는 쉽지가 않다. 군 내부에서는 어쩔 수 없는 일이라고 생각이 되기도 한다. 하지만 대를 위해 소를 희생한 것으로 생각되어 약간은 섭섭한 생각도 있다. 군 내부에 전화를 해 볼까 하는 생각을 해 본다. 군 내부의 상황을 정확하게 모르면서 전화를 하는 것은 조금은 당황스러운 상황을 만들 수도 있어 그러지도 못한다.

이제 확진이 되었으니 면회실에서 생활을 한다고 한다. 지난번에 면회를 간 적이 있는데 면회실에는 난방이 되기까지 시간이 필요했던 기억이 있다. 면회자가 드물어 난방기를 켜는 빈도가 적어서 그런지 따뜻하게 되기 위해서는 기다림이 필요한 것이다. 약 10평 정도 되는 공간에서 확진자 4명이 생활을 한다고 한다. 춥지는 않은지? 식사는 어떻게 하는지? 연신 전화로 물어본다. 지금 현재 난방기는 가동이 잘 되고 있어 춥지는 않고 식사는 외부에서 별도로 제공을 받는다고 한다.

면회실 내부에서만 있어 갑갑하기도 할 것으로 생각된다. 비타민과 물을 많이 마시라는 주문을 해 본다. 다음 날도 전화가 오는데 어제보다는 조금은 나은 목소리다. 다행이다. 오미크론 확진자는 전파력은 강하고 치병율은 낮다고 애써 위로를 해 보지만 그래도 걱정이 된다. 바로 아들을 위해 할 수 있는 일이 없어 약간은 속상하다. 다음 날도 전화가 온다. 아직 목소리는 약간 감기 기운이 있는 것으로 보이나 몸살기와 근육통은 나아지고 있어서 다행이다.

20대 초반이라 면역력은 좋을 것으로 생각되지만 혹시나 해서 걱정이 되는 것이다. 내가 이야기를 하지 않아도 아들이 알아서 하겠지만 그래도 당부를 한다.
"건조하지 않게 바닥에 물을 조금 뿌리면 나을 거다."
"아니면 수건을 적셔서 걸어 두면 습도 조절에 도움이 될 거다."
부모라서 그런가 보다. 자식이 60세가 되어도 집을 나설 때는 차 조심하라고 당부를 한다고 하는데 지금 내가 그런 마음인가 보다. 주위의 확진자를 보았는데 약 2주가 지났는데도 목의 따끔거림이 계속되고 잔기침은 계속된다고 하던데 다음 날 아들에게서 전화가 온다. 이제 잔기침은 나지 않는다고 하여 천만다행이다라고 생각한다. 지금 현재 우리나라의 누적 확진자가 전체 인구의 20%인 1,000만 명이나 된다고 한다. 병상이 모자라 60세 이상 고령자도 재택치료를 한다고 하는데 상황이 심각한 것으로 보인다.

이제는 각자가 알아서 해야 한다고 하는데 조금은 더 조심해야 할 것 같다. 고령자나 증상이 심한 사람들은 충분한 관리가 되어야 할 텐데 걱정이다. 어서 하루빨리 코로나 19가 물러나기를 바라며, 철저히 각자의 건강 관리에 신경을 많이 써야 할 것 같다. 모두가 마스크를 벗고 환한 미소를 나누는 날이 빨리 오기를 바란다.

격리 중인 아들

팬데믹이 시작된 지 2년이 넘은 것 같다. 특정국가에서 시작된 코로나 19가 미국 유럽 등 전 세계적으로 확산이 되고 우리나라도 예외는 아니다. 마스크를 착용하면 많은 도움이 된다고 하여 마스크를 구입하는데 물량이 모자라 연령별로 구입을 하거나 요일을 정해서 구입을 하기도 한다. 어떨 때는 마스크를 구입하기 위해 아침 8시부터 약국 앞에 줄을 서 있는 모습을 보이기도 한다. 내 돈으로 물건을 구입하는데 줄을 서야 하다니, 주민등록증을 제시해야 하다니, 경험해 보지 못한 경험이다. 하지만 그마저도 하지 않으면 구입을 할 수가 없기 때문에 따를 수밖에 없다. 한때는 백신을 맞아야 한다고 백신을 확보하기 위해 전 세계에서 전쟁 아닌 전쟁을 치르기도 하였다.

다행히 아스트라제네카, 화이자 등 백신이 국내에도 보급되면서 백신 맞을 순서를 정하는 데 약간의 혼란이 있다. 기저질환이 있는 고령자부터 맞아야 한다. 아니면 경제활동이 많은 젊은 층부터 맞아야 한다는 등 이견이 있었지만 기저질환자나 고령층이 먼저 맞는 것으로 결정이 되고 백신접종을 맞기 위해 전화나 인터넷으로 신청을 하는데 국내의 경우에 한꺼번에 접속자가 몰려서 한때 서버가 마비가 되는 경우가 있었고 그나마 젊은 층의 경우는 미리 PC나 핸드폰을 대기시켜 놓고 부모님의 백신접종을 대신 신청하는 경우도 있다.

하지만 고령층의 경우는 기기사용에 다소 익숙하지 못하여 접속이 되지 않으면 접종신청을 하지 못하는 경우도 발생이 되곤 하였는데 다행히 1차 접종을 할 수 있게 된다. 특별한 부작용이 없이 지나가고 곧 2차 접종을 정부에서는 권하고 있고 사회 전반적인 분위기상 백신 맞기를 종용하는 것이었고 단체 생활을 하는 곳에서는 접종을 하여야 생활에 제약이 없게 된다. 심지어 일반 마트를 이용하더라도 체온 측정을 하여야 하고 백신을 맞아야 입장이 되고 식당을 이용할 때에도 백신 맞은 증명서가 있어야 입장이 가능하다. 일부는 왜 이렇게 하느냐고 실랑이가 벌어지기도 하지만 사회 전반적으로 백신 패스를 적용하는 분위기이다.

3차 접종의 경우는 맞기를 주저하고 있었는데 군부대에서 접종을 맞은 지가 3개월 이내여야 가능하다고 한다. 날짜를 계산해보니 2차 접종을 맞은 지가 살짝 3개월이 지나고 있어 3차 접종을 급하게 하게 된다. 그런데 3차의 경우는 후유증이 심하다. 근육통 및 몸살기가 제법 오래 간다. 하지만 아들의 면회를 위해 맞는 것이라 참고 견딘다. 시간이 지나자 증상은 호전이 된다. 다행이다.

어제 저녁에 아들에게서 전화가 온다. 군 내부에서의 격리가 거의 3주 가까이 된 것 같다. 휴가 복귀 후 격리를 하였고 격리하는 도중에 확진이 되어 다시 격리에 들어가게 된다. 약 2~3일 정도 기침을 하고 목이 쉬는 증상이 나타났으나 점점 호전이 되고 있다고 한다. 아무래도 젊은 층에서는 회복이 빨라서 다행이다.

아들의 목소리가 씩씩하다. 어제부터 격리에서 해제가 되었다고 한다. 하지만 식사는 혼자서 한다고 한다. 군 내부에서 전반적으로 확산을 막기 위한 조처라고 생각한다. 군 내부에서 여러 가지 환경적으로 어려움이 많은 가운데서 최선을 다하는 모습에 감사하게 생각한다.

　전화가 올 때마다 "비타민을 많이 먹어라, 물을 많이 마셔라" 등 아들에게 당부한다. 이미 아들이 알고 있는 상황을 아버지로서 중복적으로 이야기할 수도 있겠지만 최소한 아들의 안녕을 지키기 위해 얘기를 하는 것은 어쩔 수 없나 보다. 군대에 아들을 보낸 각 가정마다 걱정이 많을 것으로 생각한다. 나름 각자의 경험과 노하우로 대비를 하고 있을 것이고 군 내부에서도 경각심을 가지고 대처를 할 것이라 생각한다.

　인간의 과학 기술도 발전을 하지만 바이러스 또한 계속 변이를 만든다고 한다. 오미크론 다음으로 스텔스 오미크론이 발견되었다고 한다. 전파력이 오미크론도 크지만 오미크론보다 약 1.5배나 크다고 한다. 이미 전 국민의 20%가 확진이 된 상태에서 약간의 두려움마저 생기게 되지만 전파력이 강한 만큼 대부분 감기 정도 수준으로 지나간다고 하니 다행이다. 하지만 기저질환이 있거나 고령자의 경우는 최대한 개인 위생에 철저히 해야 한다고 한다.

　마스크를 착용한 지가 벌써 2년이 지나고 보니 마스크를 쓰는 것은 이제 일상 속에서 당연한 것이 되어 버린 것이다. 마스크는 혹시나 하여 외출 시에도 착용을 하지만 가정 내에서도 착용을 하고 있고 식사를 할 때에도 공용으로 먹는 반찬의 경우 별도의 접시를 사용하고 있고 공용으로 사용하는 물컵의 경우도 사용 후에는 꼭 세척을 한다. 눈에 보이지 않는 바이러스이기 때문에 예방이 최선일 것으로 생각한다. 그리고 양치질을 할 때에도 소금으로 하는데 최소한 하루에 세 번을 하는 것이니 소금 가글을 세 번 하는 것이다. 염분이 바이러스 퇴치에 도움이 된다고 하니 계속 하고 있는 것이고 충분한 수분 공급이 무엇보다 중요하다고 한다. 더운 물을 받아서 입 속에 넣고 조금씩 삼켜 본다.

바이러스가 몸으로 침투하기 전이거나 후라도 이와 같은 방법으로 계속하기를 다짐해 본다. 이것은 나와 내 가족 나아가 사회의 전반적인 긍정적인 영향이 될 것이다.

이번 오미크론은 증세가 비슷하다고 한다. 먼저 목이 아프고 기침이 나는 정도가 공통점이다. 약 2~3일 정도의 아픔이 있고 곧 회복이 된다고 한다. 1주일 정도가 되면 바이러스가 사멸되고 이때부터는 전염성이 극히 약해진다고 한다. 후유증으로는 기침이나 가래가 약 1주일 정도면 개선이 되나 2~3주 정도 지속이 되는 경우도 있다고 한다. 거의 바이러스가 목의 상기도 정도에서 머문다고 하는데 폐렴까지 가지 않을 가능성이 높다고 한다. 이는 사람에 따라 많은 차이가 있으나 대체로 위중증으로 가는 경우는 희박하다고 하는 것이 다행이라 생각한다.

군 내부에서 여러 가지 제약이 많을 아들에게도 전하여 최대한 코로나19를 슬기롭게 대응하는 방법이 되기를 바란다. 주위에 보면 아직까지 마스크를 착용하지 않은 사람을 종종 보게 되는데 무슨 사정이 있겠지만 대중이 생활하는 공간에서는 최소한의 지킬 것은 지키는 것이 좋을 텐데 많은 아쉬움이 남는다.

남에게 마스크 착용을 바라기보다 내가 더 착용하는 방법밖에는 없는 것 같다. 그리고 낮에는 최대한 활동을 하고 밤에 충분히 수면을 취해서 면역력을 높이는 것이 중요하다. 요즘에는 일상이 흐트러지지 않도록 하루하루 지내는 것이 기적이다. 냉엄한 현실 속에서 참고 눈감아야 할 것이 너무도 많다. 우리 모두가 이 상황을 잘 넘어갔으면 하는 바람이 간절하다.

　사랑하는 아들이 격리 기간 동안 잘 견뎌 주고 극복하여 주어서 고맙고 대견하다. 단체 생활에서 2~3주 동안 별도로 생활을 하게 되어서 몸과 마음이 많이 힘들었을 것이다. 이 모든 경험들이 아들이 성장을 하는데 밑거름이 되기를 바란다. 아들의 제대가 전체 군대생활 중에서 몇 개월 남지 않았지만 제대하는 그날까지 건강하기를 기원한다.

군에서의 격리 생활

　아들은 지난 3월 휴가를 나오고 귀대를 하게 된다. 군 내부의 방침에 따라 격리 생활을 한다. 마스크를 충실하게 착용을 하였는데도 같이 격리된 동료 중에 확진자가 있었는지 동일한 생활관에서 생활을 하여 아들도 확진이 되고 확진자는 별도로 다른 장소에서 격리가 된다.
　격리가 되는 순간 마침 아들의 핸드폰도 고장이 나게 되고 아들은 일기를 쓰면서 흩어지는 생각을 정리하였다고 한다. 메일로 보내 온 글을 읽어 보니 마음의 갈등을 스스로 치유하는 모습이 대견하고 고마움을 느낀다. 아들이 보내 온 글을 옮겨 본다.

　코로나 19에 확진이 되고 격리 생활은 시작된다. 격리 중에 특별히 하는 것은 없지만 유일하게 위안과 친구가 되는 것은 핸드폰이다. 군인인 나도 이제 핸드폰을 잠시라도 들여다보지 않으면 불안해진 것 같다. 어제 실수로 핸드폰을 떨어뜨렸는데 그만 액정 한 곳이 깨져 버렸다.

물론 작동이 정상적으로 될 리가 없다. 바로 번인현상(화면에 잔상이나 얼룩이 남는 현상)이 나타나기 시작했고 멘붕이 왔다. '이걸 고치려면 어떻게 해야 하는지, 지금 당장 고쳐서 제대로 쓸 수는 있는지'라는 생각을 해 본다. 하지만 군에 있는 현실로는 쉽게 가능한 일이 아니다. 면회실에 격리를 시작한 지 하루밖에 되지 않은 지금, 난 7일간 핸드폰을 거의 쓰지 못한다는 사실을 받아들이기 힘들었다.

지난 한 주간의 휴가복귀자들과 같이 생활을 하는 동안에 난 핸드폰에 빠져 생활했고 그나마 그 물건이 없으면 지루해하고 고립감을 느꼈을 것이다. 한편으론 고마웠지만 지금 그 물건은 그 고통을 잊게 하는 하나의 세계였고 사용하지 않을 때에는 절대 느끼지 못할 즐거움을 주는 도구였다.

지금 내 핸드폰의 상태는 오락가락하고 있다. 아랫부분에 하얀 블루 스크린 화면이 번쩍거려서 쳐다보기가 어려웠고 나머지 부분도 정상이 아니었다. 작동이 조금 되는 것 같지만 가끔씩 전혀 터치가 되지 않아서 화가 난다. 그러다가 또 제멋대로 터치가 돼서 내가 생각지도 못한 화면으로 이동한다.

심지어 화면의 1/5은 터치가 안 된다. 불행인지 다행인지 그 위치가 격리기간 동안 시간의 흐름을 못 느끼고 지나가게 해 주면서도 나를 중독적으로 만든 게임 앱 버튼이 있다. 하필 고장난 부위가 그 위치에 있어서 앞으로 1주간은 게임으로 시간을 녹여 버릴 수는 없을 것 같다.

이제 자유와 지루함이 번갈아 오는 생활을 해야 한다. 뭔가를 함에 있어 손해 보는 것은 절대 못하는 나는 괜히 핸드폰을 떨어뜨리는 어제의 실수를 후회하고 있다. 수리비에 걸맞은 한 주를 어떻게 하면 보낼 수 있을까를 고민하고 있다. 어제 오전까지만 해도 하루는 나에게 지루한 대상이 아니었다. 게임이 나에게 그렇게 느끼게 해 줬고 다행히 지금은 없다. 지금 쓰는 이 글은 사실 돈 20만 원의 수리비가 아까워서 시작한 것이다.

 가상 세계에서 생활하다가 현실로 돌아오니 생각이 복잡해진다. 그래도 원래대로 돌아오니 잔잔한 기분이다. 가끔씩 찾아오는 지루함, 외로움도 100% 내 노력으로 극복해야 한다.
 핸드폰이 고장난 덕분에 난 현재를 의식할 수 있었고 1주간 느낀 것이 내 군대 생활에 대한 마음가짐을 바꿀 수 있기를 원한다. 격리 이틀째, 아직 남은 6일간 잘 지낼 수 있을지 모르겠다.
 오전에 한 시간 정도 잠을 잔다. 약을 먹어서인지 아침부터 갑자기 잠이 쏟아졌다. 지금까지 난 오전에는 힘들거나 졸려도 무조건 활동을 해야 한다는 생각을 가지고 있었다. 오전에는 충분히 활동해야 밤에 부교감신경이 활발해지고 수면호르몬인 멜라토닌 분비가 잘 된다고 유튜브에서 영상을 본 적이 있었다.

 그래서 오전엔 교감신경이 우세하고, 부교감신경이 활발해지는 오후, 점심을 먹고 나서 나른한 건 식사를 해서 생긴 포만감과 말초신경으로 인해서 그런 것이라고 들었다.
 그런데 그 습관을 뛰어넘는 경험을 오늘 하게 된다. 사실 내가 전에 그렇게 생각했던 것들을 유지할 수 있었던 것은 그저 하루의 시작이 새벽에 있고 적어도 오전에 열심히 하면 오후도 열심히 할 것이라는 믿음, 오전의 성공이 오후의 기대였기 때문이다.

그런데 지금은 그럴 필요가 없다. 지금 코로나에 걸렸는데 누가 나에게 와서 뭐라 할 수 있을까. 적어도 이 기간 동안 나에게 중요한 건 코로나를 이겨 내는 것이었고 당장 기침을 하고 콧물이 나를 힘들게 하는데 아무것도 없는 이 격리시설에서 생산적인 오전을 어떻게 보낼 것이며 약 때문에 온 졸음은 어떻게 할까라는 이유가 되는 것이다.

그렇게 시간이 얼마나 흘렀는지 모르게, 잠에서 깨어난 시간은 오전 10시 30분이다. 얼추 1시간 정도 잔 것 같다. 신기한 것은 꿈속에서 또 꿈을 꿨다. 그리고 꿈속의 내가 눈을 뜨고 나서 나도 잠에서 깬다. 그때는 마치 집에서 자다 깬 것처럼 게을렀고 귀찮고 편하다. 그리고 곧바로 불안함과 답답함이 밀려오기 시작한다. 항상 그랬었고 이번에도 그랬다.

이렇게 잉여스럽게 잠만 자고 잠깐 깼다가 또 자려고 하는데, 갑자기 인생에 약간의 어려움이 올지 모른다는 생각으로 불안감과 우울감이 엄습해 오게 된다. 재빨리 일어서지 않으면 이 상태가 지속될 것 같았고 그건 지독히도 싫어서 바로 자리에서 일어났다. 그리고 세상을 어둡게 했던 안대도 벗어던졌다. 그러고 나서 정면을 바라보았다. 격리시설 유리문 앞, 위로 이어지는 찻길이 보인다. 어제 내가 핸드폰을 떨어트린 콘크리트 바닥이다.

그렇게 난 현실을 직시할 수 있게 된다. 어쩌면 이 방에 있는 4명의 자리 중에 가장 불편하지만 유익한 자리일지 모른다. 격리 생활 도중 도파민(신경전달물질중 하나로 행복감을 느끼게 한다) 스위치가 고장난 것이 처음엔 마냥 불편할 거라 생각했는데 그렇지만은 않다. 덕분에 게임 중독 상태에서 벗어나서 도파민 대신 세로토닌(신경전달물질

중의 하나로 우리의 뇌에 세로토닌이 분비되면 긍정적이고 차분하며, 행복감과 안전한 마음을 가지게 한다)으로 돌아왔다.

마치 입대 전 카페에서 조용한 음악을 들으면서 책을 읽는 것 같다. 그러다가 집으로 돌아와 밥을 간단히 먹고 양재천으로 가서 아이디어를 생각하곤 했는데 지금이 바로 그 기분이다. 지금은 조심해야 한다. 잔잔했던 기분이 갑자기 커지면서 붕 뜨더니 부풀어서 터져 버릴 수도 있다. 난 지금 당장 펜을 놓으면 바로 기분이 다운될 수도 있다. 나는 어떤 일에 몰입하면서 우울함을 잊는 경우가 많다. 자주 그 안으로 들어가면서 숨을 쉰다.

아직 전역을 하여 집에 가려면 6개월이나 남았다. 집에 간다 하더라도 앞으로의 인생을 책임져야 한다. 확실한 나의 길은 아직 없고 입대 전이랑 다를 것이 없다. 군대가 현실로부터의 도피처가 됐다는 누군가의 경험처럼 나도 그렇게 어영부영 시간을 보내면서 하루를 보내고 있는지도 모른다. 그래서 난 지금 음악을 들으면서 글을 쓰는 것으로 현실 앞에 눈을 감고 있는지도 모른다.

아까는 그것도 없이 그냥 누워 있었다. 안대만 끼고 누워 있다가 눈앞의 어둠이 무섭게 느껴졌다. 그래도 글을 쓰는 것이 현실 앞에 기죽지 않고 서 있게 해 주는 것 같다. 인간이 해 온 위대한 일에는 펜과 종이가 있었고, 지식을 축적하게 해 준 것도 그것이다. 난 지금 잘 살고 있다고 또 핑계를 대는 것 같다.

난 지금 꽤나 만족하고 있다. 그동안 나를 붙잡았던 게임 중독에서 벗어났고 의미 있는 활동을 하는 것의 귀찮음에서 탈출했다. 사실 이렇게 된 것에 대해 다행이라고 생각하고 있다. 게임은 나를 끌어당기면서도 내 뇌를 파괴하고 있다고 계속 느꼈다. 그래서 그만두고 싶었지만 그러지 못했다. 이미 2주간 게임을 수십 회나 하면서 삶의 우선순위가 바뀌어 버렸다. 물론 처음에는 당근과 채찍을 위해서 활용하려고 했다. 부동산 강의를 목표치만큼 들으면 마음대로 게임을 하는 식이었다. 그렇게 균형을 맞춰 왔다. 그런데 코로나에 확진된 이후로 마음의 균형이 깨져 버렸다. 격리가 연장된 다음에는 거의 하루 종일 게임만 했다.

굳이 이렇게 재밌고 현실의 지루함을 없애 주는 도구를 손에서 놓을 수 없었다. 정말이다. 난 그 생각을 했다. 얼마 전까지 그런 삶을 극도로 거부했는데도 말이다. 일전에 어느 유튜브 채널에서 게임중독자의 생각에 관한 동영상을 본 적이 있다. 처음 봤을 때, '어떻게 저럴 수가 있지'라는 생각이었다. 그 사람은 게임 세계에서 인정받는 것 때문에 현실에서 인정받지 못하는 걸 잊어버리고 온라인 세계에 살고 있었다. 그런데 저렇게 생각하는 대로 바로 내가 살고 있는 것이다. 그러다가 운 좋은(?) 사건으로 벗어난 것이다. 처음엔 짜증이 났고, 두 번째 느낀 감정은 해방감, 차분함이었다. 마음에 평화가 찾아왔다. 사실 내가 경험한 중독은 게임이 나를 집어삼키려고 계속 나를 유혹한 것인지 모른다.
그동안 잠깐 동안 해 온 것으로 점점 잠식당하고 있었고 그걸 인지한 것은 핸드폰이 고장나고부터이다. 핸드폰이 바닥에 떨어진 순간 게임은 핸드폰에 갇혀서 봉인되고 괴물의 입에 들어간 나는 이제야 빠져나온 것이다.

중요한 것은 내가 스스로 극복한 것이 아니라 의도하지 않은 일로 그렇게 된 것이다. 그 말은 언제든 다시 그렇게 될 수 있다는 뜻이다. 핸드폰이 수리되고 다시 나에게 오면 그때로 돌아갈 수도 있다. 확실한 생각은 그렇게 되긴 싫다는 것이다. 멘탈적으로 강해져야 한다. 정서적으로, 정신적으로 깨어 있어야 잠식되지 않는다. 나에게 중요한 것을 잊지 않고 기억해야 한다. 다시 그렇게 되긴 싫기 때문이다.

이제 슬슬 답답하다. 가만히 누워 있는 것이 힘든 정도까지 된다. 며칠 전이라면 게임으로 즐거워 하고 있어야 하는데 그러지 못해서 그렇다. 핸드폰의 상단 부분은 전혀 터치가 안 돼서 게임을 시작할 수도 없고 운 좋게 접속이 된다 하더라도 조작을 할 수 없다. 그렇게 즐거움 대신 무료함으로 시간을 보내고 있으니 느낌이 다르다. 이불을 뒤집어 쓰고 있으면 천장이 나를 누르고 있는 것 같다. 답답하다. 말을 타고 경주하다 말에서 내려 혼자 걸어가는 것 같다. 이제 속도의 흥미를 느끼려면 직접 뛰어야 한다.

이렇게 글을 쓰거나 음악을 겨우 들으면서 시간을 보낸다. 아침에는 글을 쓰고 낮에는 조금 자고 일어나서 유튜브 알고리즘에 뜨는 영상들을 겨우 터치해서 보다가 또 글을 쓴다. 가끔은 토익단어도 들여다본다. 지금이 군대에서 공부습관을 들일 수 있는 유일한 시간이라는 생각을 하면서 말이다.

이렇게 스스로 뛰려는 노력을 하면서 소소한 재미와 안정을 얻게 된다. 게임을 시작한 작년 12월 이후 처음으로 주변의 고요함을 느껴 보게 된다.

이제 어느 정도 이곳의 생활에 적응을 하고 있다. 핸드폰으로 간신히 유튜브 영상을 볼 수 있다는 것으로도 감사함을 느끼고 적당히 즐기고 있다. 예전이었다면 조금만 버퍼링이 걸리면 짜증을 내고 스트레스를 받았다면, 지금은 화면의 반 이상이 보이고 터치가 되는 부분이 있어도 기쁨을 느낀다.

핸드폰이 고장난 것은 마냥 비극이 아닐 수 있겠다는 생각도 든다. 덕분에 중독 증세가 멈췄고 현재를 자각하게 된다. 사실 지금 하는 이 행동들이 수리비가 아까워서 그런 것이지만 어쨌든 이미 일어난 일은 내 운명이라고 생각하고 나에게 좋은 영향을 주려고 일어난 것이라고 믿고 싶다. 그 마음이 통했는지 나른하다고 느낄 수 있는 이 하루를 잘 보내고 있는 것 같다.

전역하고 언젠가 내 군복무의 시간들을 되돌아본다면 이곳에서의 하루가 긍정적이었고 소중한 시간이었다고 생각하기를 바라고 있다. 하루를 낭비하지만 반대로 꽤나 의미 있는 일들을 하고 있고 완전히 새로운 시간을 보내고 있기 때문이다. 유튜브로 영상을 보면서 몇 시간을 보내면서도 잠을 자면서 체력을 비축하고 잠에서 깨면 격리실 문을 열고 나와서 햇볕을 쬐면서 스트레칭을 하고 다시 들어와서 글을 쓴다. 가끔은 누워 있는 것이 답답하고 인생의 바닥을 찍었다라고 느끼다가도 펜을 잡고 글을 다시 쓰기 시작하면서 생각의 방향도 180도 달라진다. 갑자기 삶의 희망이 보이고 긍정적이게 된다.

사람은 역시 적응의 동물이 맞나 보다. 이틀 전까지만 해도 핸드폰만 하고 살았는데 지금은 글을 쓰면서 삶에 희망을 느끼고 있다. 이때 느낀 것은 상반되는 삶의 스타일에 익숙해지고 있는데 마치 나의 고등학교 시절의 전후 나의 모습과 비슷한 것 같다. 고등학교 2학년까지는 남들보다 많이 놀면서 시간을 보냈는데 고등학교 3학년을 기점으로는 책을 읽고 운동을 하기 시작한다. 그 시간 이후에는 나의 라이프 스타일은 많이 변한 것 같다.

만약 인생의 바닥을 찍은 사람이 성공했다면 그것은 타고난 것이라고 생각할 수 있고 질투하기 쉽지만 그런 것이 아니라, 열심히 살다가 무언가에 중독이 되어 바닥을 찍었다가 반성하고 다시 일어서서 노력한 사람이라고 생각한다. 내가 좋아하는 유튜버 '신사임당'이 롤모델이 될 것 같다. 게임에 중독된 사람이 갑자기 유튜버로 성공한 건 천운이 따른 것이 아니라, 일단 게임을 하기 전에 남들보다 경쟁력 있는 수준의 노력을 해서 실력을 쌓아 봤기 때문이다.

오전 8시는 잠에서 깨는 시간이다. 평소와 다르게 이번 주는 내가 스스로 잠을 깬다. 이 시간이면 군대 생활에서 호사스러운 생활일 수도 있을 것 같다. 아침에 처음 눈을 떴을 때의 기분은 마치 집에서 자다가 깬 것 같았다. 그러다 두리번거리다 보이는 격리실 모습을 보고 현실을 깨닫는다. '아 여기는 집이 아니구나!'

지금 난 이 글을 쓰지 않으면 잊어버릴 것들이 아쉽다. 그중 하나가, 잠을 내 스스로 외부 소음 없이 깨서 편안하게 멍때리다가 일어나는 것이 지금 세상에서 가장 행복하다는 것이다. 사실 그동안 그렇게 매일 아침을 맞이했기 때문에 느껴 보지 못했지만, 군대에 오고 매일을 기상 나팔소리에 깨고 그것도 새벽에 근무를 2시간 동안 서는 그런 생활을 해 오다가 지금 이 면회실에 있으니까 바로 느껴진다. 나도 모르게 눈을 떠서 밖을 바라보면 선후임동기들이 군복을 입고 연병장에 서 있다. 이것은 군인으로서 얼마나 어이없는 상황인지….

　자고 일어난 직후에 뇌파의 일종인 세타파가 나와서 좋다고 한다. 그 때는 무의식이 열려 있고 어떤 편견이나 불안이 없는 상태이고 이때를 노려야 무의식을 바꿀 수 있다고 하다. 사람은 하루에 50,000가지 정도의 생각을 한다고 하는데 대부분은 무의식에서 비롯된 것이다. 그러니까 세타파는 매우매우 중요하다. 그래서 자기 전이나 자고 일어난 직후 하는 행동들이 중요하다고 하는데, 뭔가 익숙한 느낌이다. '하루의 시작은 아침에 있고 일 년의 시작은 1월에 있다'라는 말은 누구나 들어 보았을 것이다. 아침에 일어나서 무엇을 하느냐가 남은 하루의 시간을 좌우한다는 의미이다.

　사회에 있을 때 이것을 경험적으로 알고 있던 나는 아침에 일어나서 좋은 행동을 하려고 애써 왔다. 이불을 개고, 세수를 하고, 물을 마시고 스트레칭을 하고 바로 아침을 먹는다. 그러고 나서 양재천에서 적어도 20분은 산책을 한다. 일전에 동기부여 영상들을 보면서 들인 습관이다.
　이제는 여기에서 지식을 추가해야겠다. 자고 일어나서 세타파가 나온다. 이때가 나의 무의식을 바꾸기에 가장 좋은 골든타임! 그때는 꼭 좋은 말과 행동을 해야겠다. 하지만 지금은 군대라는 특수한 환경에서 생활을 하고 있기 때문에 내가 원하는 대로 나를 만드는 것은 불가능하다는 것을 알지만 가능한 접근은 하고 싶다.
　지금은 지루함을 느끼고 있다. 그동안 당연하게 써 왔던 핸드폰이 고장나고 게임 속 매트리스가 없으니까 느낀 첫 번째 감정이다. 예전에 내가 아무것도 안 하고 방황하던 것과 비슷하다. 대학교 1학년 때에도 자주 느꼈다. 그 시절로 돌아가는 느낌을 극복해야 할 것 같다. 어떻게 해야 할지 모르겠고 약간은 무서움이 있다. 이대로 있으면 아무 희망이 없을 것 같다. 그땐 그랬었다.

이제는 그 상태를 벗어나서 몰입을 하는 것이 익숙해졌지만, 낯설었던 때까지의 삶은 고통이었다. 대학교 2학년이 끝나기 전까지는 힘들고, 두렵고, 낯선 상황이 대부분이었다. 그러던 어느 날 학교 캠퍼스를 걷다가 한 가지 결심을 하게 된다. 내가 건강만 되찾으면 모든 것이 좋아질 것이라는 것이다. 그때를 기점으로 나는 심리학, 철학, 헬스운동, 건강 관련 지식들을 집착하듯이 찾아보는 습관이 생겼고 지금은 조금이나마 변하게 됐다. 설령 그때로 돌아간다 해도 다시 회복하는 방법을 알고 있어서 자신감이 생겼다.

이제는 더 이상 우울한 감정이 오래가도록 하지 않는다. 만약 그런 감정이 느껴지면 바로 해결하려고 한다. 그중 하나는 헬스장에 가는 것이다. 무기력하고 우울할 때 헬스장에 가면 그곳의 좋은 기운을 받아서 좋다. 또 마음이 힘들면 심리학 및 인문학 관련영상을 본다. 주로 심리 관련 영상들, 동기부여 영상들을 보면서 극복하기 위해 내가 선택하는 방법이다.

군대에 오기 전에는 하루 한 시간 정도 동기부여 영상들을 보면서 하루를 보내고 일기를 쓰면서 마음에 갇힌 것들을 털어 버린다. 물론 이러한 생각과 행동을 하기까지는 많은 노력이 필요했다. 하루 종일 책이나 유튜브 영상을 보고, 헬스장에 가면서 나 스스로 느낀 세밀한 변화들을 적어 놓았고 지금의 꽤 성실한 생활의 기반이 되었다.

디지털 세상에서 벗어나면 현실이 주는 감각을 고스란히 느낄 수 있다. 군대는 날씨에 따라 기분이 많이 다르다. 구름이 많으면 마음이 자주 우울하고 차분해진다. 그럴 때 핸드폰을 보면 그런 감정들을 극복할 수 있었다. 하지만 이것이 없으면 현실이 주는 무게를 전부 짊어져야 한다. 군에 있으면 다양한 날씨를 보게 된다. 어느 날은 비가 오고 어느 날들은 햇살이 밝게 비춘다. 이곳에서 날씨가 주는 분위기를 고스란히 느껴 본다. 방금 전까지 아무것도 하지 않고 가만히 누워 있다. 마치 쇠사슬에 묶인 기분이다.

사람은 무엇인가에 몰입하여 집중하여 하고 있어야 정상적으로 살 수 있는 것 같다. 살아가려면 즐길 최소한 것의 것이 있어야 하고 몰입할 만한 취미가 있어야 하고, 재미있지 않더라도 일이 있는 직장 같은 것이 있어야 한다. 만약 없다면 하루하루가 심심하고 답답할 것 같다.

적어도 여기에서 토익단어라도 보고, 운동도 하고, 밥도 먹고 책을 읽을 줄 알아야 하고 인스타그램이나 유튜브, 숏츠, 예능, 드라마 등을 보면서 시간을 녹이는 것도 필요한 것 같다.

누군가와 실없고 재밌는 얘기도 하고 장난도 치는 것이 필요하다. 그래야 버티면서 살아갈 수 있을 것 같다. 만약 군대에 와서 핸드폰 없이 생활했다면 지루하지 않으려고 무엇이라도 했을 것이다. 지금은 아주 쉽게 즐거움을 느낄 수 있지만 말이다. 만약 그렇지 않았으면 일기를 지금보다 훨씬 많이 썼을 것이고 공부도 꽤 했을 것이다. 지금처럼 노력 없는 삶을 살지는 않았을 것이다. 하지만 삶에는 만약이 없다. 어떤 시기를 만나느냐에 따라 달라지는 환경은 바꿀 수 없다.

휴가를 복귀했는데 하필 내가 있던 생활관에 확진자가 나온 것, 마스크를 잘 썼는데도 나도 확진된 것, 격리 생활관에 와서 핸드폰이 고장난 것이 현실인 것인데 만약 이랬더라면 저랬더라면 생각해 봤지만 바뀌는 것은 없다. 바뀌고 싶었지만 그대로였다. 그저 상황을 받아들이고 나아지려고 노력하는 것이 훨씬 나은 것 같다.

물론 확진이 되고 나서 며칠 동안은 억울했지만 그 다음부터는 받아들이고 코로나를 극복하는 데 집중을 하게 된다. 격리실(면회실)에 온지 하루만에 핸드폰이 고장나서 또 한번 억울하고 답답했지만 곧 마음을 고쳐먹게 된다. 이 사건을 나중에 돌이켜보면 도움이 되는 일이었다고 생각할 수 있도록 시간을 보내자고 마음을 먹는다. 유튜브 영상을 보면서도 잠깐씩 책을 읽고 영어단어를 보고 글을 적어 나간다.

오늘은 격리 마지막 날 아침이다. 부대 연병장에서 들리는 애국가 소리에 잠에서 깬다. 눈을 떠 보니 날이 화창하다. 일어나면서 어이가 없어서 피식 웃게 된다. 어떻게 군인이 아침 점호시간에 애국가 소리에 잠을 깨고, 뒤척거리다가 일어날 수 있는지. 아마 군대를 다녀온 사람들 중 0.001%도 안 되는 경험을 하고 있는 것이다. 그래도 지금은 날씨가 좋아서 행복하다.

이 희귀한 경험을 헛되이 흘려보내지 말라고 신이 나에게 역경을 준 것 같다. 지금 쓰고 있는 이 글을 노트에 6장을 적고 있는 것이다. 태어나서 펜으로 이렇게 길게 글을 써 보는 건 처음이다.

만약 나중에 책을 쓰게 된다면 그 책에 들어갈 자료로 생각하면서 글을 쓰고 있다. 마치 내가 베스트셀러 작가인 것처럼 말이다. 아버지가 얼마 전에 책을 출간하신 것이 영향을 줬다. 아마 난 분명히 책을 쓰게 될 것 같다. 지금은 모르겠지만 미래의 언젠가는 그렇게 될 것이라고 확신한다.

내가 자대에 온 지 얼마 되지 않았을 때, 사지방(부대 내에서 공부를 할 수 있도록 마련된 장소)에 가면 책을 출간하기 위해 글을 쓰고 있는 선임 한 분이 있었다. 그분을 보고 '대단하다. 나는 못할 것 같다'라고 생각을 한 적이 있는데 왠지 지금은 할 수 있을 것 같은 자신감이 생긴다.

나는 주위 환경을 중요하게 생각한다. 좋게 보면 능동적이고 나쁘게 보면 줏대가 없어서 주변에 쉽게 휘둘린다고 할 수 있다. 특히 인간 관계에서 자주 느낀다. 서로 다른 사람들과 지내다 보니 더 그렇게 느낀다. 그런데 나 혼자 하는 일에는 오히려 고집이 세다. 아이러니하게도 군대에 와서 운동을 더 제대로 하기 시작했고 관심이 가는 책도 읽고 있다.

입대 후 처음으로 이곳에서 나의 군복무를 제대로 되돌아보았다. 어떻게 하면 후임으로서 더 잘할 수 있을까 생각할 수 있고 그렇게 행동할 수 있었지만, 그동안 너무 마음에 여유가 없어서 나 자신이 그것은 허락하지 않았다. 많은 행동들이 생각에서부터 멈춰 버렸다. 작년에 썼던 플래너를 보니 이제서야 느껴진다.

그땐 너무 몸이 아팠고 뒤돌아볼 겨를이 없었다. 이제는 부대에 완벽히 적응하게 되고 내가 왜 지금이 더 편한지 생각해 보았다. 물론 점점 선임병이 되어 가면서 편하다고 느낄 수도 있다.

하지만 내가 편하고 괜찮다고 느낄 때는 몸이 건강하고, 운동도 적당히 하고, 잠을 잘 잤을 때였다. 다 나았다고 생각했던 몸이 입대 이후로 점점 안 좋아지고 있었던 것이다.

이제는 운동 강도와 빈도의 균형을 되찾고 마음의 균형을 되찾아서 체력적으로 좋아졌고 스트레스도 덜 받는다. 그러다 보니 가공된 음식을 먹지 않게 되어 건강은 자연스럽게 좋아졌다. 그리고 그 이후로부터 모든 것들이 점점 좋아졌다. 작업 수행력, 집중력, 인간관계 심지어 운동수행능력과 운동을 하는 동기까지 건강하고 긍정적으로 바뀌었다.

이제 모든 것들이 나아지고 있다. 앞으로도 점점 좋아질 것 같다. 오늘도 나는 운동을 하러 갈 것이다. 그리고 점점 내 목표에 가까워질 것이다. 내일도 나는 게임을 조금만 할 것이다. 점점 핸드폰을 덜 사용할 것이다. 모레도 나는 일과에 집중을 잘할 것이다. 모든 일들을 열정적으로 수행하는 내가 될 것이다.

아들이 적은 글을 보면서 언제 이렇게 자랐는지 대견하고 고맙다. 젊은 시절 느끼는 여러 갈래의 생각들을 스스로 묶어 보고 잘못된 것은 스스로 바로잡아 보고 잘된 것은 계속 이어 가면서 성장을 하는 모습이 보인다. 대한민국 남자라면 국방의 의무가 있는데 반드시 보내야 하는 군대생활이라면 조금이라도 긍정적인 마음으로 실제로 성장을 할 수 있는 방향으로 마음과 몸이 움직여 가는 아들이 마냥 대견하다. 격리기간 동안 아들의 치유과정을 겪고 있는 동안 연락이 없어 많이 궁금하였는데 아들의 글을 보니 이제 안심이 된다. 부모의 곁을 떠나 당당하게 설 수 있는 마음의 자세가 되었다고 본다.

어느 신문에서 본 글귀가 생각난다. '내가 어떻게 할 수 없는 일은 평온한 마음으로 받아들이고, 내가 할 수 있는 일은 할 수 있는 용기를 가지고 하고, 내가 할 수 있는 일과 할 수 없는 일을 구분하는 지혜가 있으면 좋겠다.' 아들은 벌써 23세의 나이에 이 말의 의미를 깨우친 것 같아 기쁘다. 아들이 아버지보다 나은 것 같다. 사랑하는 아들! 부디 건강하고 보람된 군 생활이 되기를 바란다.

7 군복무 중인 아들을 생각하면서

군인의 봉급

아들이 입대를 하고 이제 상병이 되어 있다. 훈련소를 마치고 이등병을 달고 곧 일병 그리고 몇 달이 지나자 상병이 되었다고 한다. 이제 다음 단계로 가면 제대를 하게 된다.

군은 국방의 의무이기는 하지만 봉급을 받는다. 2022년도 병들의 봉급표를 보면 이병의 경우는 약 51만 원, 일등병은 55만 원, 상병은 61만 원, 병장은 67만 원을 받는다고 한다. 진급을 함에 따라 5~6만 원 정도가 인상이 되는 것이다.

지난 선거에서 군인의 봉급을 대폭 인상한다는 얘기도 있는데 군인의 숫자와 봉급과의 관계도 있을 것이고 군인의 사기에도 긍정적인 영향을 미치리라 생각된다. 군 기간 동안에는 거의 모든 보급품이 나오고 있으니 봉급을 모아서 제대 시에 목돈을 가지고 나오는 경우도 있고 군 내부에서 모두 소진하고 제대를 하는 경우도 있다고 한다.

금액상으로 보면 예전보다는 훨씬 많은 것은 사실이다. 1980년대 군 생활에서는 1~2만 원(?) 정도 봉급을 받은 것 같은데 금액면에서는 상승이 많이 된 것이다. 그렇지만 물가가 그동안 많이 상승을 하였고 과거와 달리 씀씀이도 다를 것이기 때문에 봉급의 많고 적음에 있어 큰 차이는 없어 보인다.

청춘의 시간을 오롯이 국가에 바치는 것이기 때문에 그 시간에 비하면 최소한의 금액일 것이다. 그래서 국방의 의무를 신성하다고 말하는 것인지 모르겠다. 내가 첫 직장에서 받은 월급이 약 60만 원 정도였던 것으로 기억된다. 물론 그때의 경제상황과 지금은 차이가 많을 것이다.

아들의 경우는 군인 적금에 가입하고 있는 것으로 안다. 조금이라도 모아서 사회에 나왔을 때 도움이 되기를 기대해 본다. 금액의 많고 적음보다는 건강하게 무사히 제대하는 것이 가장 현명하고 보람찬 일이 아닌가 생각해 본다.

젊은 날의 소중한 날들일 것이다. 월급보다도 귀한 시간이다. 소중한 국방의 의무를 다하고 있는데 돈도 중요하지만 나의 소중한 청춘을 바쳐서 나라를 지킨다는 자부심은 누구나 인정을 하여 주었으면 좋겠다. 군인장병 모두가 건강하게 지내고 그 생활 속에서의 배움이 평생을 살아가는 밑거름이 되기를 진심으로 기대해 본다. 살다 보면 분명 군 생활이 도움이 되는 날이 오기를 바라면서 이 땅의 모든 젊은 청춘들에게 파이팅을 외쳐 본다.

아들이 군 장병 적금에 가입을 하다

요즈음은 군인들을 대상으로 하여 장병내일준비적금 3대1 매칭지원을 한다고 한다. 이는 병역의무 이행자의 내일을 위한 준비를 하는 차원에서 국방부와 법무부, 병무청과 해양경찰청 및 소방청에서 주관을 하고 있다. 자세히 들여다보면 병역의무 이행자가 복무기간중 급여 적립, 목돈마련을 통해 전역 후 성공적인 사회 진출을 할 수 있도록 은행과 업무협약을 통해 높은 금리를 제공하는 대표정책 금융상품이다.

이 적금을 가입하기 위해서는 장병내일준비적금 가입자격 확인서가 필요한데 그 내용을 보면 발급번호가 2022-78***, 확인 대상자 성명과 주소, 생년월일, 군번 21-76028***, 복무사항에서는 입대일이 기록되고, 전역예정일도 2022.10.25.로 기록된다. 아울러 복무구분 및 발급기관에서 복무구분에서 현역병(육군, 해군, 공군, 해병대)여부, 상근예비역, 의무경찰, 해양의무경찰, 의무소방원, 사회복무요원을 표시하고 발급기관이 국방부인지 경찰청 및 해양경철청인지, 소방청 및 병무청을 기입한다. 발급부서는 *군단, 인사***가 기록된다. 담당자 이름을 기록하여 위와 같이 〈조세특례제한법〉에 따른 장병내일준비적금의 가입자격을 확인합니다로 표시되고 국방부장관 직인이 날인된다. 이것을 해당 은행에 제출하면 된다.

가입방법은 장병내일준비적금을 취급하는 시중 14개 은행에서 신청을 받는다고 한다. 가입혜택으로는 6% 수준의 이자를 지급하는데 은행이자 5% 수준과 국가지원이자 1%라고 한다. 이자소득은 비과세이며, 전역시에 3대1 매칭지원금으로 원리금의 33% 추가지원을 한다고 한다. 요즈음 한국중앙은행 기준금리를 보면 1.25%인데 군복무이행자를 위한 대폭적인 지원제도로 보인다. 이 정책에서 말하는 3대1 매칭지원금은 말 자체가 약간은 생소한데 장병내일준비적금 납입원리금의 33%에 해당하는 금액을 전역시 국가가 추가로 병역의무 이행자에게 지원하는 사회복귀 지원금이라고 한다.

지원대상은 신규가입자를 포함하여 현재 가입 중인 인원에게도

2022년 1월 납입금액부터 적용하는데 장병내일준비적금을 가입하고 만기 해지하는 병역의무 이행자이며, 지원내용 및 방식을 보면 2022년 1월 납입금액부터 원리금의 33%에 해당하는 금액을 만기해지 시 개인계좌로 입금을 하는데 최대 3개월이 소요된다고 한다.

유의사항으로는 전역월에는 장병내일준비적금이 급여에서 중앙공제가 되지 않으므로, 반드시 전역일 전까지 개인이 직접 계좌에 적금액을 납입을 해야 한다고 한다. 아들도 휴가 중에 이 적금에 가입을 하였다고 카카오톡으로 연락이 온다.

이는 정부에서 장병들을 위한 좋은 정책이라 생각한다. 다만 금액이 한계가 있어서 좀은 아쉽지만 요즈음처럼 저금리 시대에 파격적인 지원이라 보여진다. 미래를 설계하기 위해서는 종잣돈이 필요한데 조금이라도 보탬이 된다면 긍정적인 것이라 생각한다.

여기서 더 나아가 생활 자체에 대한 변화를 주고 나아질 수 있는 공부와 함께 변화가 생긴다면 금상첨화일 것이다. 시작은 작지만 정신무장에 도움이 된다면 나중에 사회에서 중추적인 역할을 하게 될 텐데 이 적금이 조금이나마 밑거름이 되리라 기대해 본다. 보통 군복무를 하는 나이가 20대 초중반일 텐데 이때부터 경제에 관한 마음가짐과 공부가 필요하다고 본다. 자본주의 사회에서 뒤처지지 않기 위해서 해야 하는 기장 기초적인 것이 경제공부가 아닌가 생각해 본다.

아니 필수적인 요소일 것이다. 사람이 태어나 일평생을 살면서 경제는 매우 중요하다. 하지만 기존의 학교 교육에서는 약간 소홀히 하는 것으로 보이는데 경제 교육은 유태인 교육의 예를 들지 않아도 빠르면 빠를수록 좋을 것으로 생각한다. 학교에서 배우지 못했다고 부모로부터 배우지 못했다고 원망을 할 필요는 없다고 생각한다.

20세가 넘었으면 본인이 필요한 것을 파악하여 스스로 공부를 해야 함은 당연할 것이다. 다만 개인적으로 빠르고 늦은 차이는 있을 것이다. 군 생활에서 훈련으로 고된 생활과 경제는 연결을 짓기가 힘들지만 깨닫는 정도라도 되면 큰 수확이 될 것이다. 군 생활 중이든 제대를 한 이후든 경제에 대해서는 젊은이들에게 필수로 다가오는 바람이 불어오길 바란다.

건강한 나라에서 아들이 살 수 있도록

경칩이 지나고 있는데 하늘 아래의 바람은 한결 부드러워지고 있다. 봄이 왔나 살포시 얼굴을 내미는 어떤 나무는 벌써 새싹을 보이고 있다. 이 새싹이 봄의 시발점이 되어 푸르름이 가득했으면 한다. 다시 시작하는 자연이고 다시 시작하는 세상이면 좋겠다. 내일이면 또 다시 시작하는 세상이 열릴 것으로 기대한다. 새로운 대통령을 뽑는 날이다. 많은 기대와 우려가 있지만 바른 시각을 가진 사람들이 많기를 바라면서 투표장에 가서 투표를 행사할 것이다. 내가 살아왔던 세상보다는 아들이 살아갈 세상이 건강하기를 바라는 마음이다.

요즈음에는 동일한 일을 놓고도 서로 다른 의견을 보이는 경우가 많은데 그래도 진실은 지켜지고 지속되기를 바란다. 우리나라는 세계 경제대국 10위권에 든다고 한다. 1950년 한국전쟁 이후 약 70년이 지나면서 이룬 전 세계에서 유일무이한 나라라고 한다. 선조들이 목숨을 바쳐 이룬 나라이다. 이 나라에서 태어나 50 평생을 살고 있지만 후손에게도 훌륭한 나라에서 살아가기를 바라는 마음이다. 나와 생각이 같으면 같은 편이고 나와 생각이 다르면 다른 편이 아닌 것이다. 서로의 생각이 달라도 대화와 조율을 통해서 같이 맞추어 가는 지혜가 필요할 때이다. 요즈음 많이 듣는 얘기가 '국민지성'이라는 말이 있다.

 국민의 수준이 올라가고 깨어 있는 국민들이 많을 때 집단지성이라는 용어도 가끔 등장을 한다. 전 세계적으로 자유민주주의 체제에서 지내는 나라가 공산주의 체제에서 지내는 나라보다 훨씬 많다. 물론 어느 체계가 완벽한 것은 없지만 가장 많은 나라가 채택하고 있는 체계가 가장 보편적이고 우리 인간이 살아가기가 가장 장점이 많은 체계가 아닌가 생각한다. 어떤 특정 집단이 권력을 독점하여 나라 안의 균형과 견제를 무너뜨리는 것은 철저하게 지양이 되어야 할 것이고 삼권분립이 잘 지켜지고 국민이 보편적인 생각으로 살아가는 나라에서 아들이 살아가기를 간절하게 바란다.

 노력하면 노력한 만큼 대가를 받고 미래를 설계할 수 있는 그런 나라였으면 한다. 경제 10위권의 나라를 주장하기보다는 기업을 운영하는 데 활력을 찾을 수 있을 때 젊은 청년들이 일터를 구하고 열심히 일하고 때로는 건전한 투자의 대열에서 같이 동참하는 건강한 나라이기를 바란다. 선조님들이 이룬 나라가 계속 번성하여 경제면 경제, 문화면 문화, 많은 분야에서 전 세계를 리드하는 나라이기를 바란다.

 이런 나라를 만들기 위해 자유민주주의 꽃이라고 하는 이번 선거에서 꼭 투표권을 행사하고 싶다. 우리나라 헌법 67조 1항에는 '대통령은 국민의 보통·평등·직접·비밀선거에 의하여 선출한다'라고 명시되어 있는데 반드시 지켜지기를 바라며 아울러 아들이 살아갈 세상이 자유민주주의를 기초로 한 밝고 부강한 사회가 되길 간절히 바란다.

다가오는 봄의 다른 느낌

어릴 적 봄은 담벼락에서부터 시작된다. 담벼락 아래에서의 따스한 햇살로부터 시작되고, 논과 밭에서 움트는 냉이와 망초 등 다른 풀들의 새싹으로부터 시작된다. 한 해의 시작이 본격적으로 시작된다는 무거운 생각보다는 그저 뛰어놀기 좋은 계절로 인식을 하였던 것이다.

그 이후 학창시절에서의 봄은 그다지 쉽지는 않았다. 그 당시 세월 속 어려웠던 현실의 봄이 빨리 지나가고 흘러가기만 바랐던 것이다. 그래야 여름이 가고 가을 그리고 겨울이 가야 한 해가 빨리 지나가서 생활의 돌파구가 생기지 않을까 기다린 시간들이다. 하지만 봄의 전령사인 개나리꽃 앞에서 폼을 잔뜩 잡고 사진을 찍었던 것이 중학교 시절, 경주에 수학여행을 갔던 기억이 있다. 정확하게 기억은 나지 않지만 경주까지는 무궁화열차를 타고 가지 않았을까 생각한다. 숙소를 배정받고 친구들과 같이 과자와 음료수를 먹고 다음 날 토함산에 올라가서 책에서만 보았던 불국사의 웅장한 모습, 다보탑과 석가탑을 직접 보고, 또 첨성대를 보는데 옛 선조들이 그 당이 어떻게 이런 건축물을 축조하였을까? 대단하다고 생각했던 것 같다.

특히 첨성대는 세계 최고로 오래된 천문대라 한다. 국보 제31호로 지정이 되어 있다. 신라 시대 때 선덕여왕이 축조를 하였는데 총 27개 단으로 쌓아 만들어 높이는 약 9.5m라고 한다. 그 당시 우리 선조들이 돌을 쌓아서 만드는 세계에서도 손꼽히는 기술이 아니었나 생각을 하여 본다. 첨성대 아래에서 12개 단 위에 사각의 구멍이 있는데 이는 외부에서 사다리를 놓고 내부로 들어가게 되면 내부에는 12개단의 높이까지 흙으로 메꾸어 그 위에서 첨성대 위쪽을 보고, 별을 관측하였다고 한다.

첨성대에도 매년 봄은 오는데 올해에도 추위와 찬 바람을 포함한 봄이다. 지난 1997년 봄에도 무척이나 추웠던 기억이 있다. 실제 날씨보다는 마음의 날씨가 추웠던 것이다. 그해 봄이 오기 전에 어머니와 긴 이별을 하게 되고 다시는 봄이 오지 않겠구나라고 생각을 하였는데 곧 개나리가 피게 되고 철쭉꽃 및 장미꽃도 멋들어지게 피는 것이다. 나의 마음속에만 봄이 오지 않겠다고 생각을 하였는데 자연의 흐름에는 여느 해와 마찬가지로 봄이 찾아온 것이다. 아무리 높은 위치에 있어도 세월의 흐름에는 맞서지 못하는 것인가 보다.

그렇게 봄이 오지 않을 것 같았는데 벌써 25년이 지나고 있다. 이제는 세월이 흘러 그때의 느낌보다는 깊고 익어 가는 것이라고나 할까? 하지만 그때의 느낌은 지금도 생생하다.

이제 2022년에도 봄이 왔다. 경칩이 지나서 그런지 수양버들 가지에는 제법 노란색의 느낌이 난다. 올해는 여러 가지 일을 하기 위해 준비를 하고 있어 바쁠 것 같다.

봄을 맞이하는 오늘은 아들이 휴가를 나온 지 며칠이 지나고 부대로 복귀하는 날이다. 따스한 봄날의 햇살 속에 아들의 귀대가 약간의 아린 마음으로 다가온다. 아들은 말한다.

"아무 걱정하지 마세요"라고.

하지만 걱정이 되는 것은 사실이다.

"어떻게 귀대를 할 거니?"

"아버지가 차로 이동을 할까?"

아들은 고개를 끄떡인다.

아무래도 혼자 가는 것보다는 아버지와 같이 가는 것이 더 좋을 것이다. 어쩌면 아들과 조금 더 있고 싶어서 그렇게 제안을 하였는지도 모르겠다.

올해의 봄에는 뭔가를 이루기 위한 계획보다는 여름이 가고 가을이 오기를 더 많이 기다릴지도 모르겠다. 그 가을에 아들은 건강한 모습으로 제대하기를 기대하는 것이기 때문이다. 어렵게 찾아온 봄이지만 빨리 지나가기를 바란다. 봄이 들으면 섭섭해 할 수도 있겠지만 건강하게 아들의 제대를 바라는 어쩔 수 없는 아버지의 마음인가 보다.

비가 온 다음 날 새싹과 아들 생각

어젯밤엔 봄을 재촉하는 비가 왔나 보다. 아침 일찍 집을 나서 본다. 비가 온 흔적은 나무 위에도 자전거 위에도 차량 위에도 있다. 흙은 젖어 있고 온통 새로운 기운이 대지 위에 가득 차 있다. 나무들 사이사이에 까치가 걸어온다. 뭔가 먹이를 먹고 있나 보다. 누군가 곡식을 새에게 주려고 뿌려 놓았나 보다. 까치 옆으로 다가가도 까치는 날아가지 않는데 몇 걸음만 뒤로 물러서더니 물끄러미 바라만 본다. 내가 괜히 까치의 아침 식사를 방해하고 있나 보다. 본래 까치는 까마귀과로 머리에서 등까지는 검은색이고 배부분은 흰색이고 검은 털에는 윤기가 난다. 우리나라에서는 까치를 길조라 부른다. 까치 소리가 나면 옛 어르신들은 말한다.

"오늘은 우리 집에 손님이 찾아오려나?"

하면서 길조(吉鳥)로 여겨졌다고 한다. 그만큼 우리와 친근감이 있는 새들 중에 하나가 아닌가 생각한다. 시골생활에서 까치에 대한 정겨운 맛이 있는 경우가 많다. 가끔 시골 고향집에 있었던 감나무 위에 까치가 있었던 기억이 난다. 요즈음엔 까치의 개체수가 늘어나서 과일나무 농가에 피해를 주는 경우도 있다고 한다. 도시 생활에서는 나무 그늘 아래에 차량을 주차하는 경우엔 배설물이 차량의 위에 있는 경우도 생기는 것으로 보이는데 까치 입장에서 보면 내 배설물이 아니다라고 반박을 할지도 모르겠다. 하여간 요즈음 도시에서의 까치는 사람이 다가가도 피하질 않는다. 사람은 까치의 천적이 아니라고 생각을 하는 것인지도 모르겠다. 먹이를 먹는 까치의 모습을 기분 좋게 멀리에서 바라다보면서 가던 길을 재촉해 본다.

 아들이 있는 강원도 인제에도 비가 왔을 것 같다. 산과 물이 좋은 고장이라 공기는 더 좋을 것 같다. 비는 나무와 들판 집을 구분하지 않는데 골고루 뿌려 주는 것이 고맙다. 인제에서의 나무들도 비를 맞고 새싹을 틔울 준비를 하겠지. 어쩌면 이미 새싹을 틔우고 있는지도 모르겠다.

 지난해 겨울에는 혹한기 훈련을 받기도 하고 파견 근무도 하면서 추위를 견디느라 수고가 많았을 것이다. 요즈음 군복은 예전과 달라 보온성 면에서는 뛰어나겠지만 부모 입장에서는 걱정이 많이 드는 것이 사실이다. 무사히 추운 겨울을 잘 넘긴 아들에게 대견하고 고마움을 전하고 싶다. 이제 봄이 왔으니 앞으로 여름이 되고 가을이 되는 즉 계절이 두 번 바뀌면 아들은 제대를 한다.

 올 가을 아들이 제대를 하면 쉼터에 같이 가서 캠프파이어를 해 주고 싶다. 약 5년 전 아들이 고등학교 시절에 쉼터에 가서 나뭇가지며 낙엽을 태웠는데 아들이 무척이나 좋아하는 모습을 본 기억으로 해서 캠프파이어를 해 주고 그간 노고를 풀어 주고 싶다. 하고 싶은 것을 실컷 하게 해 주고 싶다. 그리고 시간이 되면 마늘도 양파도 같이 심어 보고 싶다. 내년 봄과 여름에 수확을 하게 되면 이 또한 아들과 함께 하고 싶다.

 비온 뒤의 아침은 싱그럽고 대지엔 활기가 넘친다. 집 안의 공기가 약간 탁한 느낌이라 발코니 문을 열어 놓는데 창문 밖에서 새소리가 들린다. 기분이 좋은 소리이다. 발코니 밖에 새가 물을 먹을 수 있도록 그릇을 두었는데 밤새 비가 와서 그릇의 반쯤은 물이 차게 되었다. 지나가는 새가 목이 마르면 물을 마셨으면 좋겠다. 물 그릇 옆에도 새들이 먹을 수 있도록 과자 부스러기나 떡 부스러기를 두고 있어 가끔 새들이 와서 먹는 모습을 보는데 새들이 편안하게 먹을 수 있도록 마루에서의 움직임은 자제하고 먹이를 먹는 새들을 보면서 물끄러미 바라다본다. 처음엔 주위를 경계하다가 천적이 없는 것을 확인하고 이내 떡 부스러기를 한 입 물고 다시 주위를 경계한다. 배가 고픈 새는 한 입 더 먹지만 보통은 한 입만 물고 금방 날아가 버린다. 욕심이 없는 새들에게 지혜를 배운다. 작은 것에 만족하고 큰 것을 잃지 않는 것이다. 사람이 만물의 영장이기는 하지만 새에게서도 배울 점이 많은 것 같다. 창문 밖에서 까치가 "까악~깍" 하고 노래를 부른다. 마치 "아들이 인제에서 무사히 군대 생활을 하고 있으니 걱정하지 마세요"라고 하는 것처럼 들린다. 까치 소리와 함께 비 온 뒤 대지의 좋은 기운이 아들에게 전해졌으면 좋겠다.

양초의 희생과 국방의 의무

아내는 집 안에서 매일 초를 켠다. 가족의 건강과 아이들의 앞날에 좋은 일이 있기를 바라는 마음의 정성이다. 보통 양초는 파라핀이라는 성분으로, 천연 양초의 경우는 콩오일이나 비즈왁스로 만들어지는데 파라핀의 재료로 만들어지는 양초는 그을음이 많아서 이는 값싼 화학물질이기 때문에 약간의 머리가 아플 수도 있다. 그러나 천연양초의 경우는 유해성분이 덜 발생된다고 한다.

그래서 머리도 덜 아프게 된다. 양초의 경우는 보통 무속이나 절에서 많이 사용하고 축하할 일이 있는 경우 양초를 켜는 경우가 많고 왠지 엄숙한 장소이거나 미래를 밝히는 경우에 많이 사용한다. 전기가 들어오기 이전에는 실생활에서 어두운 밤을 밝히는 도구로 사용되었는데 선비가 과거시험에 응시하기 위해 등잔불 아래에서 공부를 하였다고 들었다.

양초는 등잔불보다는 훨씬 밝았다고 하는데 우리가 지금 사용하는 전기는 그 발전이 가히 기적이라고 할 수 있다. 양초가 불을 밝히는 것은 양초 속에 심지가 있어 심지에 불을 붙이면 심지가 타면서 열을 내게 되고 파라핀은 보통 고체 상태에서 액체 상태가 되면서 화력을 내어 계속 양초는 타게 된다. 양초의 타는 모양을 자세히 들여다보면 겉불꽃과 속불꽃 그리고 불꽃심이 있다.

이 중에 온도가 가장 높은 부분은 겉불꽃으로 약 1,400℃ 정도로 뜨겁다고 한다. 그중 가장 밝은 것은 속불꽃이며, 불꽃심의 경우가 가장 어둡다고 한다. 또한 가장 많이 사용하는 양초는 국민양초라 하여 16호라고 적혀 있는데 이는 양초의 지름이 16mm라서 그런 것이 아닌가 추측해 본다. 특별한 행사를 하는 초의 지름은 70mm로 대단히 굵다. 굵은 초는 한번 켜게 되면 며칠이 지나도 계속 타는데 자기희생의 양이 상당히 많은가 보다.

지름이 큰 양초는 가운데 심에 불을 붙이면 가운데 부분의 파라핀을 녹여 한라산의 백록담처럼 움푹 파이면서 타게 되는데 가장자리 부분의 파라핀은 타질 않아서 가위로 가장자리 부분을 잘라 가운데로 넣어준다. 이윽고 잘라 낸 부분의 초는 이내 녹아 백록담 물의 수위가 높아지는 것처럼 양초의 심은 파라핀에 잠기게 되고 촛불은 꺼지게 된다. 양초가 타면 타는 대로 그대로 두면 될 것을 괜히 촛불만 꺼지게 한 것이다. 양초는 스스로의 몸을 태워 세상을 밝게 하고 분위기를 경건하게 하는 위대한 존재로 보이는데 사람의 욕심에 의해 촛불은 생명을 잃은 것이다. 다시 라이터로 불을 붙여 본다. 다시 불은 붙지만 이내 촛불은 다시 꺼진다. 백록담의 물이 이미 불어난 상태이기 때문에 심지의 길이는 한계가 있어 잠겨 있다. 심지가 드러나게 하기 위해 심지 옆의 파라핀을 제거하고 불을 붙이자 이제야 촛불은 자기희생을 다시 하게 된다.

우리네 세상살이에서 봉사활동으로 자기의 희생을 통하여 세상을 밝게 하면서 사는 사람도 있고 오롯이 자기의 이익만을 위해 사는 사람도 있는 다양한 생각과 다양한 목적을 위해서 살아간다. 우리나라는 분단이라는 세계에서 유일한 나라이다. 그래서 국방의 의무가 있다. 예전엔 36개월의 군복무기간에서 30개월로 줄어들고 지금은 18개월이라고 한다. 자기의 이익보다는 국가의 이익을 위해서 그 기간 동안은 자기 몸을 태워서 빛을 내는 촛불처럼 희생을 하는 것이다. 이런 의미에서 군인장병들의 노고에 치하를 하고 고마움을 전하고 싶다. 아들의 군 생활에서 빛을 내는 촛불처럼 조용히 모든 것을 바쳐서 국방의 의무를 다하고 있어 대견하고 고맙다. 가끔 휴가와 외출을 나와서 그동안의 노고에 조금이라도 위안이 되기를 바라며, 그 희생이 우리나라의 근본이며 미래의 초석이 될 것임을 믿어 의심치 않는다. 세상은 각자의 자리에서 각자의 할 일을 하면서 살아가지만 국방의 의무만큼 위대하고 신성한 것은 없으리라 본다.

나라를 지키는 국군 장병 여러분 힘내시고 오늘도 파이팅 하시길 바랍니다. 고맙습니다.

아들과 함께 관리기 사용하는 날을 기다리며

경칩이 지나고 내일 모레면 춘분이다. 이제 완연한 봄이 되겠구나라고 섣부른 기대를 한다. 아니나 다를까 내일에는 눈이 온다고 한다. 특히 아들이 있는 강원도 인제의 날씨예보를 습관적으로 보게 된다.

언제였는가? 개나리가 피고 다음 날 눈이 와서 봄꽃과 겨울이 공존하는 때가 있었다. 봄인 줄 알고 성질 급한 개나리가 꽃망울을 터뜨렸는데 날벼락을 맞은 것이다. 아마 개나리는 깜짝 놀랐을 것이다. 이미 피운 꽃망울이라 다시 수습하기는 쉽지 않았을 것이다. 어쩌면 우리네 살아가는 모습과 비슷한 경우였을 것이다. 살다 보면 전혀 예상하지 못한 일이 발생하기도 하는데 왜 이런 일이 발생되었나? 왜 나한테만 이런 일이 일어나는가? 아무리 원망을 해도 이미 그 일은 벌어진 이후이다. 이럴 때 빨리 수긍을 하고 해결책을 찾는 것이 현명할 것이다. 그러나 대부분은 감정에 사로잡혀 현 상태의 늪에 빠져 있게 되는데 이는 나의 건강과 일 처리에서 서로 마이너스일 것이다. 하지만 그렇게 하기는 쉽지 않을 것이고 긍정적으로 생각하여 잘 수습하려고 하는데도 잘 되지 않는 것이 사실이다. 하지만 이왕 벌어진 일 잘 수습하기 위해 생각을 유연하게 하고자 하는 마음을 가져 본다.

우수 경칩이 지나면 겨울잠을 자는 개구리가 깨어난다고 하는데 절기가 잘 맞는다고 생각하는데 정말로 개구리를 본 것이다. 낙엽이 쌓여 있는 곳에서 뭔가가 움직인다. 나뭇가지로 뒤적여 보는데 보호색을 한 개구리가 힘차게 점프를 한다. 개구리 모습이 신기하여 핸드폰을 켜고 동영상으로 촬영을 해 본다. 어느새 개구리는 촬영이 쑥스러운지 낙엽 속에 숨고 만다. 찾을 수도 있지만 그대로 두고 철수한다. 계절이 바뀌어도 잘 성장하기를 바란다.

자연 속에 있는 동안 전화벨이 울린다. 관리기가 곧 도착한다고 한다. 오후에 비가 온다는 일기예보가 있었는데 오전에 도착하기를 기대해 본다. 그런데 약간의 착오가 있어서 오후 1시경에 도착한다. 다행히 비는 오지 않는다. 그래도 이 시간에 와서 다행이다. 각 부위 명칭과 시동을 거는 요령, 브레이크를 잡는 방법, 휘발유를 넣는 방법, 기어를 넣는 방법 등 자세한 설명을 한다. 설명을 놓칠까 봐 설명하는 모습을 동영상으로 촬영을 한다. 40분이 넘는 시간이지만 성실하게 설명하는 분의 노력에 감사하게 생각한다. 추후 설명한 부분이 기억이 나지 않을 때 이 동영상을 보면 도움이 될 것으로 생각한다. 운전을 해 보고 싶은 마음이 급하여 스스로 시동을 걸고 앞으로 전진을 하는데 금방 시동이 꺼진다. 휘발유가 없는 것인가? 하지만 면세유를 신청 중이므로 바로 휘발유를 구입할 수는 없어서 로터리 바퀴에서 고무 바퀴로 바꾸어 기어를 중립에 놓고 창고까지 밀고 간다.

자동차 운전과 비교하면 그다지 힘든 것은 아니다. 다만 처음 작동하는 것이라 약간은 손에 익지 않은 것이다. 곧 익숙해지면 자동차처럼 능숙하게 사용을 할 수 있을 것이다.

조금이라도 로터리를 치고 싶어서 면세유 신청을 하기 위해 농협에 간다. 가까운 지점으로 향한다. 하지만 여기서는 면세유 접수를 하지 않는다고 하고 농협본점에 가야 한단다. 티맵을 켜고 농협본점에 간다. 번호표를 뽑고 기다리는데 내 차례가 온다. 면세유 신청을 하러 왔다고 말하고 요구하는 서류에 서명을 한다. 그런데 아뿔싸! 관리기 구입 등록이 되지 않아서 그것부터 해야 한다고 한다. 등록은 어디에서 하는지를 묻자 농협 출입문을 나가면 농기계 구입 관련하여 다른 창구가 있다고 한다. 다시 그곳으로 향한다. 면세유 신청을 하러 왔다고 말한다. 준비한 관리기 납품증명서를 제시하고 작성을 요청하는 서류에 주소 및 이름을 적어 제출한다. 관리기 사진을 요구하는데 이동하기 전에 촬영한 것이 있어 핸드폰을 건넨다. 젊은 직원이 나와서 본인 핸드폰으로 사진을 보내더니 내일 오후면 면세유 카드발급이 가능하다고 한다. 어려운 것은 아닌데 물어서 행정업무를 처리하려니 속도가 늦은 것이다. 돌아오는 사이 문자로 접수가 되었다고 연락이 오고 긴 시간을 기다리지 않고 이제 면세유 카드를 발급받을 수 있다고 한다.

연간 주유량은 35L라고 한다. 한번에 5L가 들어가니 약 7번은 사용할 수 있을 것 같아 다행이다. 삽으로 흙을 파면 엄청난 에너지 소모가 많은데 기계의 힘을 빌어 로터리를 칠 수가 있어 좋다. 입가에 미소가 지어지고 마음이 뿌듯해진다. 다음에 쉼터에 가서 농협에 가면 꼭 면세유 카드를 발급받아 기름을 구입하고 신나게 로터리를 칠 수 있겠다. 군에 있는 아들이 제대를 하면 같이 배우게 해서 내가 힘이 들 때 아들의 힘을 빌릴 수 있으면 좋겠다. 같이하는 일이 즐겁기를 바란다. 아마 차분하게 잘할 것이다. 어쩌면 이것은 나의 욕심인지도 모른다. 아들의 생각은 전혀 고려하지를 않은 것이다. 그러나 한번의 기회는 줄 필요가 있을 것 같다. 한번 경험을 해 보고 선택과 결정은 아들이 하는 것이 옳은 것이 아닌가 생각을 해 본다. 이 또한 아들이 제대를 하고 난 이후의 일일 것인데 너무 성급한 생각인 것 같다.

나무를 심으면서 아들의 혹한기 훈련을 생각하다

나무 심기를 기다리면서 오는 봄이 무척이나 반갑다. 땅 위에는 냉이가 보인다. 추운 겨울을 나고 새로운 생명이 땅을 비집고 살포시 고개를 내민다. 자연친화적인 곳에서 땅의 기운을 온전히 담고 싹을 틔운 것이다. 봄나물이 반갑고 봄바람이 좋다. 새벽에 일찍 나무를 구입하기 위해 나무 가게에 들린다.

메타세콰이어 등 나무를 구입하고 쉼터로 향한다. 구입한 나무들은 새로운 장소로 이사를 가는 것이다. 나무가 이사를 가는 날 고속도로를 향한다. 차량 내부엔 나무 묘목이 있는데 고속도로에는 눈이 오고 길 좌우의 산에는 나무가 눈꽃을 피운다. 고속도로 주위의 풍경이 거의 몽환적이다. 구름 속을 지나가는 듯, 현실과 전혀 다른 세계를 건너는 듯, 놀라운 경험이다. 운전 중이라 촬영을 못 한 것이 못내 아쉽지만 약 1시간여 만에 쉼터에 도착한다.

눈은 점점 더 온다. 묘목을 쉼터에 내려놓는데 묘한 기분이다. 눈이 오는 날 나는 나무를 심으러 온 것이다. 점점 눈의 굵기는 더 굵어진다. 하지만 이사 온 나무를 생각하면 진행을 해야 하는 것이다. 오후엔 날이 맑다고 하니 다행이다. 먼저 호미를 준비하여 담쟁이부터 심는다.

눈이 쌓여서 그런지 갈아 신은 장화 속의 발은 금방 시렵다. '곧 눈이 그치겠지'라고 안일한 생각을 한 것인가? 눈은 계속해서 내리고 발은 동상이 걸릴 것같이 시렵다. 마치 군에서 동계훈련을 하고 눈 속에 뒹굴며 훈련을 받는 것 같다. 이건 괜히 나무를 심다가 발에 불상사라도 생기면 어쩌나 온갖 생각이 교차한다. 잠시 멈추고 발을 만져 본다. 발이 꽁꽁 얼어 있다. '주인을 잘못 만나서 네가 고생을 하는구나.'

얼마 전에 아들이 군에서 동계훈련을 받았다고 한다. 유사시 야전에서 벌어질 경우를 가정하여 땅을 파서 진지를 구축하고 텐트 등을 이용하여 외부에서 잠자리를 마련하는 훈련 등을 한다. 집에서 부모님의 품에 있다가 국방의 의무를 다하는 대한민국의 아들들이 경험하는 것이다. 아들은 제대할 때까지 다행히 추운 겨울을 한 번만 나면 되어서 다행이다. 사회에서의 겨울보다 군에서의 겨울은 더 혹독하다. 아무리 청춘이라 하지만 추운 것은 사실이다. 예전 같으면 혹한기 때 바닷물에 들어가는 훈련도 했을 텐데 이런 훈련은 그때의 상황에 맞게 진행이 될 것이다. 눈이 오는 봄날 추위에 발이 얼 정도이고 군에서의 훈련을 받는 느낌인데 군에서 지내는 아들이 이때 더 보고픈 것은 왜일까?

아들을 비롯한 대한민국의 모든 국군장병 여러분! 아무리 추워도 아무리 힘들어도 잘 견뎌 주시길 바랍니다. 여러분들이 있어 후방에서 편하게 지내고 있습니다. 감사합니다. 모두들 무사 제대를 기원합니다. 심은 나무 묘목들이 봄기운과 함께 잘 자라기를 바란다.

눈에 보이는 것과 보이지 않는 것의 차이

경칩이 지나고 춘분이 일주일이나 지난 요즈음 한낮의 날씨는 너무 좋다. 아직 기온이 낮기는 하지만 햇살만큼은 명품이다. 한 해의 농사를 준비하는 농부의 손길이 바쁜 때이다. 우선 밭을 갈고 거름을 주고 대파 등 일부의 농산물을 심는다. 그리고 지난해 가을에 심었던 마늘 및 양파 위에 덮어 두었던 비닐을 벗겨 내니 제법 싹이 많이 자라 있다. 모진 추위를 이겨 낸 싹들에게 응원을 보낸다. 자연의 힘은 대단하다. 농부의 정성이 가득한 것만큼 농작물은 더 잘 자랄 것이다.

몇 년 전에 일구었던 화단 앞의 의자에 앉아 본다. 햇살이 좋아 눈을 감으면 금방 잠을 잘 수 있을 것 같다. 의자의 아래는 잔디가 심어져 있는데 곧 새싹이 돋아날 것 같다. 성격이 급한 냉이 등은 벌써 "나 여기에 있어요"라고 말하는 듯이 고개를 내민다. 철쭉, 장미 등 나무의 성격이 강한 것은 그 형태를 유지하고 있으나 국화꽃 등 한 해가 지나면 줄기에 수분을 제거하는 것은 그 모양이 변하였다. 작년 가을 줄기가 풍성하고 꽃이 만발하여 보기가 좋았다. 일부는 옆으로 눕기도 하는데 기둥을 세우고 기둥과 식물을 끈으로 단단히 묶는 작업을 한다.

각 식물들마다 묶어 놓으니 식물과 식물 간에 경계도 확실하게 되어 한결 정리된 것 같아 보기에 좋다. 그저 눈에 보이는 화려하고 손에 잡히는 것에만 집중을 한 것이다. 지금 내가 느끼는 현실세계에 집중을 한 것이다. 눈에 보이지 않는 땅속에서 식물을 지탱하고 화려한 꽃을 피우는 노력은 눈에 보이지 않은 뿌리인데 단지 눈에 보이는 외부의 줄기 및 잎과 꽃 등에만 집중을 한 것이다.

지금의 모습으로 외부의 줄기는 말라 있어 그 형태가 보잘것없이 되었고 묶었던 끈은 늘어져 마른 줄기 위에 그저 그렇게 걸쳐져 있다. 세워 두었던 기둥은 그대로 있다. 1년생 식물이라 한 해의 꽃을 피우기 위해 최선을 다한 것이고 새로운 싹에서 줄기가 나와 새로운 꽃을 피울 것이다. 다만 내가 집중한 것은 겉의 화려함과 그 화려함을 지키기 위해 끈으로 묶은 것이다. 화려함의 근본인 뿌리에는 거의 신경을 쓰지 못한 것이다. 아마 뿌리에 좀 더 집중을 하였다면 그 다음해에 더 멋진 꽃을 선사하였을지도 모른다.

우리들의 삶 속을 들여다보면 단지 눈에 보이는 것에만 집중을 한다. 근본적인 그 당시엔 하찮게 보이는 것에는 신경을 쓰지 않는다. 통상 근본적인 것에는 신경을 덜 쓰는 것이다. 이유는 바로 눈에 보이지 않기 때문일 것이다. 그 당시엔 이 화려함이 시든다는 것은 전혀 고려하지 않은 것이다. 그러나 곧 겨울이 오면 시드는 것이 자연의 이치인데 말이다.

오늘은 아들이 자가격리에서 해제되는 날이다. 그동안 동료들과 떨어져 있어서 아쉬움이 많았을 것이다. 다시 건강하게 일상으로 돌아가면 좋겠다. 격리가 되는 동안 눈에 보이는 휴식을 하였지만 기침과 인후통으로 힘들었을 것이다. 잘 견뎌 주어서 고맙다. 그동안 아들은 단지 휴식보다 생각을 정리하고 글을 쓰기도 하였다고 한다. 누구의 간섭이 있지 않을 때는 핸드폰으로 여기저기 검색을 하면서 보낼 수도 있을 시간이 되었을 것인데 눈에 보이지 않은 다른 가치를 찾아 하루하루를 열심히 지냈다고 한다.

하루하루가 모이면 일주일이 되고 일주일이 모이면 한 달이 되듯이 매 시간들을 가치 있게 보내면 그 결실은 큰 열매를 안겨다줄 것으로 생각한다.

비록 지금 표면적으로 보면 군인의 신분으로 할 수 있는 일보다는 할 수 없는 일이 더 많겠지만 좀 더 들여다보면 새로운 가치를 찾고 좀 더 깊어진 아들의 모습을 그려 본다. 눈에 보이는 편함보다 눈에 보이지 않은 가치를 찾아가는 아들의 모습이 대견하다. 다시 일상을 회복하고 열심히 군복무에 임해 주기를 기대하면서 파이팅을 외쳐 본다. 어쩌면 오늘 저녁 격리에서 해제가 되었다고 밝은 목소리로 전화가 올지도 모르겠다.

북한에서 쏘아올린 ICBM을 보면서

　2022년도도 벌써 1/4분기가 지나간다. 엊그저께 2022년도가 시작된 것 같은데 시간이 참 빠르게 지나간다. 세월의 빠름과 함께 요즈음 북한이 심상치 않다. 연초부터 동해와 서해로 미사일 발사 소식이 매스컴을 통해 들려온다.
　러시아와 우크라이나의 전쟁이 지금도 지속되고 있다. 우크라이나는 러시아와 폴란드 및 루마니아 사이에 위치해 있으면서 일종의 완충지 역할을 하고 있다. 사실 러시아는 이미 넓은 영토를 소유하고 있기 때문에 영토 확장보다는 다른 이유로 우크라이나를 침공한 것으로 보이는데 단기전으로 생각을 하고 전쟁을 일으키게 된다. 하지만 지난 2022년 2월에 전쟁이 시작되었으니 한 달이 넘었다. 그동안 민간인의 사망이 늘고 있다고 매스컴을 통해 듣게 된다.
　한 나라에서 군대를 보유하고 국방력을 키우는 것은 전쟁을 하고자 하는 것보다 전쟁을 사전에 막기 위한 것일 수도 있다.

　전쟁이란 일순간에 모든 것을 잃고 깊은 상처만 남기게 되는 것이다. 일부 독재자들이 일으킨 전쟁이 대부분 그렇다고 생각한다. 세계에서 유일한 분단국가인 우리나라가 북한과 대치한 상태가 70년이다. 여태 여러 가지 문화의 차이가 생기고 특히 경제력에서 우리나라의 소득을 보면 2019년 기준으로 30,000달러인데 비해 북한은 1,400달러, 우리나라의 연간 경제규모는 1,919조이며 북한은 35조 3,000억 무려

54배의 차이가 난다고 한다(네이버 지식 참조). 한국전쟁 이후 우리나라는 기하급수적으로 경제성장을 이루었고 북한의 경우는 우간다와 비슷한 세계 최빈국 수준일 것이다.

너무나 차이가 심하다. 북한주민들의 생활보다는 오로지 무기만 개발한 탓도 있을 것이다. 중앙일보 보도에 따르면 북한의 탄도미사일 시험 발사를 하는 것은 미국의 군사적 레드라인을 가늠하기 위한 것일 수 있는 관측이 제기되고 있고, 니혼게이자이(닛케이) 신문은 '핵·미사일 능력을 토대로 하여 위기를 부채질하는 북한이 또다시 탄도미사일 발사를 한 것은 미국의 레드라인을 탐색하려는 의도가 있다'고 보도한다.

전문가들의 의견을 보면 미 본토를 사정권에 둔 대륙간탄도미사일(ICBM) 개발을 미국의 레드라인으로 여기고 있는데 이번에 북한은 ICBM을 동해상으로 발사를 한 것이다. 고도를 높여서 발사하였는데 고도를 낮추게 되면 미국 본토까지 충분히 도달할 것이라고 예측을 하고 있다.

북한이 쏘아올린 ICBM에 신경이 많이 쓰이는 이유는 아들이 군에 가 있기 때문이고 러시아와 우크라이나 전쟁에서 북한의 ICBM 발사까지 불과 한 달 전후이다. 만약 ICBM에 핵을 장착을 한다면 미국본토에 핵을 떨어뜨릴 수 있어 매우 심각한 문제가 될 수 있다고 한다. 최종 그런 일이 발생되지 않기를 바라지만 현재 북한 체제에서 어떤 일이 벌어질지 항상 불안불안하다. 내부의 불만이 많을 때 관심을 밖으로 끌기 위해서 전쟁을 일으키기도 하는데 한 독재자의 악한 의지가 선한 의지를 가진 사람에게 피해를 준다면 이는 매우 잘못된 것이다.

학창시절에 공부를 아주 잘하거나 싸움을 잘하는 친구가 있다고 하면 그 친구는 주위에서 건드리지 않는데 어설프게 하면 주위에서 시비가 걸려 온다. 현재 세계에서 미국을 비롯한 몇 개국은 경제력 및 군사력이 최고 수준으로 타국의 침공을 받을 가능성은 적어 보인다.

우리나라의 경우에도 군사력이 세계 최강 수준이라도 하면 감히 북한이 넘보지 못할 것이다. 경제가 중요하지만 안보력이 밑바탕이 되어야 한다고 생각한다. 북한이 오판하지 않도록 우리 모두 힘을 합쳐서 국력을 신장시키는 데 총력을 기울였으면 한다. 아들을 군대에 보낸 모든 부모님들의 소망이 아닐까 조심스럽게 생각해 본다.

핸드폰과 군 생활

1970년대에는 집에 전화기가 있으면 부자라고 하였다. 전화를 받는 첫 멘트가 "네 평창동입니다"라고 하면 '아하! 상대방이 잘사는 동네에 사는구나!'를 암시하는 것이다. 본인이 직접 전화를 받지 않고 가정부가 대신 받는다. 전화기 자체도 고가이고 처음에는 교환기가 있어 누구네 집으로 전화를 건다고 하면 상대방의 전화번호에 잭을 꽂으면 전화 연결이 되는 것이다. 교환수라는 별도의 직업이 있었던 것이다.

전화기는 번호 다이얼을 돌리는 방식이었는데 0~9번까지 손가락을 넣어서 우측으로 돌리는데 1번은 가장 우측에 있어 적게 돌리게 되고 0번은 가장 좌측에 있어 가장 많이 돌리게 되는 것이다. 이 방식에서

번호를 누르는 터치식으로 발전을 하게 되어 전화를 걸기엔 한결 편리하게 된 것이다.

전화기는 가정에 1대가 있어 전화를 걸려면 주로 기다리기 일쑤였다. 만약 부모님이 전화를 사용하고 있으면 자녀들은 순서가 뒤로 되는 것이 다반사였고, 혹시 비밀전화라도 하려면 부모님이 계시지 않는 시간대나 날을 별도로 잡아야 하였다.

전화기가 개인의 영역으로 들어온 것이 '삐삐'이다. 외부에서 전화가 왔다는 표시로 '삐삐'라는 소리가 울린다. '삐삐'는 주로 허리춤에 차거나 핸드백에 넣고 다니는데 소리가 나면 근처의 공중전화로 가서 '삐삐'를 친 상대방에게 전화를 걸기 위해서 줄을 서게 된다. 이 이후에 '씨티폰'이 나오게 된다. 상대방의 수신이 쉽게 하기 위해 공중전화기 옆에서 '씨티폰'으로 전화를 걸면 공중전화를 이용하지 않아도 되는 것이다.

남들은 공중전화를 사용하기 위해 줄을 서는데 '씨티폰'은 그러지 않아도 되니 획기적인 통신기기인 것이다. 그 당시 자동차가 많지는 않았지만 자동차 내에서 전화를 하는 장비를 카폰이라고 한다. 자동차 뒤쪽의 트렁크에 긴 안테나를 단다. 여기 안테나로 수신을 하여 차량 내부에서 전화가 가능한 것이다. 카폰의 크기는 손바닥보다 큰 것으로 기억되는데 가격도 고가였다. 자동차에 카폰까지 있으면 그야말로 부자로 인식이 되는 것이다.

초기의 핸드폰은 그 크기도 웅장하여 냉장고라는 별칭이 붙기도 하였는데 그래도 있는 것과 없는 것은 그 차이가 큰 것이었다. 기기 만드는 기술이 점점 발전을 하여 그 크기는 점점 작아지고 부가적인 기능이 늘게 된다.

　핸드폰으로 TV를 수신하게 되고 음악도 듣고 인터넷이 도입이 되어 PC를 통하지 않고도 인터넷을 사용할 수 있게 되었다. 전화기 본래의 기능인 말로 소통을 하는 것은 이제 핸드폰 기능의 일부분이 되었다. 글로써 표현을 하고 여러 사람이 동시에 소통을 하는 기능 등으로 발전을 하였다. 이 즈음에 카카오톡이라는 SNS가 만들어져서 동시에 지구 반대쪽에 있는 사람과도 의견을 주고받게 되었다. 핸드폰에 장착된 카메라도 기술이 발전하여 일반 카메라보다 선명도가 더 뛰어난 경우가 있다. 이제는 핸드폰으로 금융거래를 하고 온갖 정보를 찾고 보관하기 위해 기억장치의 용량도 256GB 이상의 기기가 선보인다. 용량은 앞으로도 점점 늘어갈 것으로 기대한다. 일상생활에서 이제는 핸드폰이 없으면 생활이 되지 않는다고 해도 과언이 아닐 것이다.

　요즈음 군 생활에서 핸드폰을 사용하게 된 것은 실로 놀라운 일이 아닐 수도 있다. 보안이 철저하게 지켜져야 하는 상황에서 사진을 촬영할 수 있고 카카오톡을 이용하여 얼마든지 외부와 소통이 가능하기에 예전 시절을 생각하면 있을 수도 없는 일일 것이다. 아들의 경우는 자대에 배치가 되자마자 핸드폰을 사용한다. 낮에는 핸드폰을 반납하고 일과가 마무리되고 점호를 받기 전까지 핸드폰을 사용한다고 한다. 군대 내의 선임과 후임의 소통보다는 외부와의 소통수단으로 핸드폰을 사용하는 것이다.

　그러니까 선후임 서로에게 신경 쓰는 것은 덜하고 각자의 사이버공간에서 시간을 보내게 되는 것이다. 선임이 후임을 괴롭히는 시간이 적어져서 서로에게 불편한 행위는 많이 줄어들었다고 한다. 긍정적인 영향인 것이다. 최근 코로나로 인해 격리를 시작한 아들로부터 연락이 뜸하다. 격리 중에 핸드폰을 바닥에 떨어뜨렸다고 한다.

전화 기능은 그런대로 되는데 화면을 터치하는 데 약간의 문제가 있나 보다. 핸드폰을 보내 주면 수리를 해서 다시 보내 주겠다고 하였는데 며칠 생각을 해 본다고 한다.

핸드폰을 보내 주면 그동안 핸드폰을 사용할 수 없으니 약간의 고민이 되나 보다. 부대 내의 간부에게 부탁을 하여 부대 인근의 핸드폰 수리하는 곳에 핸드폰을 맡기게 된다.

그동안에는 공기계를 보내 달라고 한다. 지난번에 사용하였던 핸드폰이 마침 집에 있어 보내게 된다. 택배회사에서 연락이 온다. 핸드폰을 부대 내의 모 소대장님 댁으로 보내면 전달을 해 주겠다고 하여 보낸 것이 도착을 한 것이다. 오늘쯤에는 전달이 되리라 본다. 공기계를 가지고 몇 가지 기능을 사용할 수 있을 것으로 생각한다. 핸드폰을 수리하고 공기계를 전달해 주시는 소대장님께 감사를 드린다.

사회에서는 핸드폰의 수리를 맡기는 것은 쉬운 일인데 군 내부에서는 원활하지 않는 것이 당연하다. 협조해 주시는 분이 있어 다행이다. 수리비가 나오면 연락을 달라고 하였는데 수리비는 아들이 부담을 한다고 한다. 핸드폰의 수리가 잘 되었다고 아들에게서 연락이 오기를 기대해 본다. 군에서의 핸드폰은 지금 젊은이에게는 필수의 물건이 된 것으로 보인다. 전투력과는 별개로 장점을 생각하면 소통과 공감이 더 중요한 키워드가 될지도 모른다는 생각이 든다. 이제는 핸드폰을 들고 있는 군인이 전혀 낯설지가 않다.

봄의 시작점에서의 군인 아들 생각

봄의 시작을 알리는 꽃은 산수유가 가장 먼저인 것 같다. 바짝 마른 나뭇가지에서 옅은 노란색은 무엇과도 견줄 수 없는 희소식이다. 개나리에 비해서는 노란 정도가 덜하지만 꽃을 선보이는 순서가 우선인 것으로 봄의 전령사가 된 것 같다. 곧 이어 피는 개나리를 보면 노란 정도가 월등히 진하게 보인다. 개나리가 피기 전까지는 노란색의 예쁨이 듬뿍 마음속을 물들이게 되고 곧 개나리에게 그 자리를 내어 주게 되는 것이다.

봄꽃 중에 목련을 빼면 서운할 것이다. 목련을 보기 위해서는 부지런해야 한다. 마른 가지에 어느새 꽃몽우리가 올라오게 되고 이내 목련은 활짝 피게 된다. 이른 봄에 일이 바쁠 때는 목련꽃을 보지 못하는 경우가 있다. 어느새 바닥에 떨어진 꽃을 보고 목련꽃이 피었구나라고 인식을 하게 된다. 이미 늦은 것이다. 간만에 여유로운 일요일 오후에 일부러 산책을 나간다. 활짝 핀 백목련을 보게 된다. 꽃잎이 여리게 보이나 어느새 활짝 피어 있다. 몇 장의 백목련을 사진으로 간직하고 자목련에 대한 기대는 뒤로 미룬다. 자목련은 무게감과 짙은 컬러에 온 마음이 자색으로 물들 것 같다. 귀한 기억이 곧 오리라 기대한다. 다행이다. 목련꽃을 실컷 보게 되다니.

곧이어 만개를 앞둔 벚꽃의 꽃몽우리를 본다. 약 2~3일이면 만개를 할 것 같다. 봄꽃의 대명사가 벚꽃이다. 온통 마음속에 흰색과 분홍빛으로 물들이게 되는 것이다. 올해도 양재천의 수양벚꽃을 구경할 계획이다. 수양버들처럼 늘어진 가지에 꽃이 피어 늘어진 모습은 과거에 급제하고 쓰는 어사화를 보는 듯하다. 늘어진 분홍색의 향연은 바람이 불게 되면 너울너울 춤을 추는 듯한 모습에 연신 카메라의 셔터를 누르게 된다.

계절에서 가장 먼저인 것이 봄이듯이 사람에게도 어린 시절이 지나면 청춘이 오는데 이 시절이 봄에 해당하지 않을까 한다. 20대 초반은 봄꽃이 만개하는 시기라 생각된다. 꿈도 많고 생각도 많고 누가 보아도 활짝 피는 시기이다. 우리나라 청년들의 군 입대는 이때쯤에 이루어진다. 가장 혈기가 왕성한 시기이다. 군의 입장에서 보면 전투력이 가장 뛰어날 시기일 수 있다. 개인의 입장에서 보면 가장 좋은 시기로 보인다. 가장 좋은 시기에 입대를 하여 나라를 지키는 일은 가장 신성하고 가장 보람 있는 일이 될 것이다. 이 시기의 희생은 정말 고귀한 일이다. 국민의 4대 의무에 국방, 근로, 교육, 납세가 있는데 이 중에서 가장 존귀하고 신성한 것이 국방의 의무인 것이다. 대부분의 젊은 이들은 국방의 의무를 지키기 위해서 입대를 한다. 군복무를 하는 18개월이 보람되기를 바란다. 국가에서도 보람된 기간이 될 수 있도록 시스템이 개선되었으면 좋겠고 개인적으로도 의미가 있을 수 있도록 각고의 노력을 하였으면 좋겠다.

입대를 한 아들이 올여름이면 상병에서 병장이 된다. 그리고 제대의 날을 기다리게 된다. 의미 있는 군 생활이 되기를 기대해 본다.

아들은 전화를 하였는데

 핸드폰이 손에 들어온 지는 상당히 지난 시절이다. 어느새 생활의 대부분을 핸드폰으로 하는 사람이 많다고 한다. 아침에 일어나면서 핸드폰으로 시계를 보고 날씨를 검색하고 그날의 뉴스를 본다. 혹시나 하여 카카오톡이 왔나를 확인한다. 가입이 되어 있는 단체 카카오톡방이 여러 곳이라 하루에도 1,000개 이상의 메시지가 온다.
 그리고 실시간으로 카카오톡이 오는 것은 바로 확인을 못 하는 경우가 많다. 요즈음에는 스마트워치가 있어 카카오톡이 오면 손목시계에서 진동이 울린다. 그래서 바로 확인이 가능하다고 한다. 카카오톡에도 카카오톡이 오면 울림이 있는데 이는 일상생활 또는 단체 생활에서는 서로 간에 에티켓이 어긋난다고 하여 무음을 하는 것이 보통이다.

 카메라 기능은 실로 뛰어나다. 초기에는 렌즈가 1개였는데 최근에는 렌즈가 3개나 된다. 선명도도 보통 카메라보다 더 뛰어나다고 한다. 촬영을 하기가 용이하여 카메라 내의 앨범에는 수천 개에서 수만 개의 사진이 저장된다. 때로는 동영상을 촬영하여 저장하기도 한다. 물론 동영상은 용량을 많이 차지한다. 핸드폰 자체의 용량은 예전 컴퓨터 1대의 용량만큼 큰 것이 있다고 한다. 용량이 상당하니 웬만한 사진은 그대로 보관을 한다. 아마 휴지통으로 보내야 하는 사진도 많을 것으로 생각한다.

SNS로 소통을 하니 각종 광고성 문자나 전화도 많이 온다. 요즈음 광고의 경우엔 〈광고〉라고 서두에 표시가 되고 있으니 광고를 보거나 삭제를 하는 데 판단이 쉽게 된다. 오는 광고를 모두 보기엔 눈의 건강이 허락하지 않아 지우는 경우가 많다. 특히 주식을 권유하는 경우가 많은데 지우기도 하고 다음부터 오지 않도록 하기 위해 전화번호를 차단하는 경우도 있다. 하루에도 몇 개씩 차단을 하는데도 계속 다른 번호로 하여 문자가 온다. 모든 광고에 일일이 대응을 하기 힘들어 첫 문장만 읽어 보고 바로 차단을 하고 최신기록에도 삭제를 한다. 이것도 일이라면 일이다. 누군가 나의 핸드폰 번호로 뭔가를 보내는 것은 자유이지만 타인의 생활에 피곤을 준다면 이건 민폐가 아닌가? 하지만 보내는 사람을 탓할 수는 없을 것이다. 요즈음 개인정보가 많이 유출이 되어서 막을 수도 없을 것이다. 인터넷 공간 어느 사이트에 회원으로 등록하기 위해서는 핸드폰 번호를 기록하게 되는 것이 보통이다. 물론 회원 가입 과정에서 번호가 유출되지는 않겠지만 광고가 많이 오는 것을 보면 과거에 어떤 경로를 통하여 유출된 것일 것이다. 요즈음엔 개인정보로 인해 각종 서류에서도 주민등록번호 뒷자리는 **처리를 하여 가리는 정도로 되어 개인정보에 대해서는 철저하게 하는 분위기가 된 것이다.

핸드폰의 가장 기본기능이 전화기이다. 전화 벨소리의 변화도 많았다. 보통 전화벨을 '따르릉'으로 표기하는데 이제는 옛날이야기가 된 것이다. 보통 핸드폰 컬러링 기능이라는 것이 있다. 전화가 걸려 왔을 때 본인이 정해 놓은 음악이나 영상이 나오는 서비스인데 각자의 개성에 따라 표현을 할 수 있는 것이다. 소리가 다양해지다 보니 전화가 오는 소리인지 음악인지 구분이 잘 되지 않는 경우도 많다.

전화벨을 바꾼 경우는 예전 벨소리와 혼돈이 되기도 한다. 전화 벨소리와는 다르게 단체생활이나 에티켓을 지키기 위해 진동으로 놓기도 한다. 아니면 상황에 따라 무음으로 설정을 하기도 한다. 보통 이동 중이거나 가정 내에 있을 때는 전화벨이 울리게 하고 단체생활에서는 진동으로 설정을 한다. 무음의 경우는 거의 설정을 하지 않은 편이다. 그만큼 하루 중 진동으로 해 놓은 시간이 많은데 보통 저녁엔 전화벨이 울리도록 하는데 어제는 이것을 잊어버린 것이다. 아침에 핸드폰을 보는데 어제 저녁에 아들에게서 전화가 온 것을 받지 못한 것이다.

아들은 요즈음 핸드폰을 수리하느라 핸드폰을 수리점에 맡겨 놓아서 콜렉트콜 '그린비'를 통해서 전화를 한 것이다. 전화번호가 02-5**-****로 표시가 된다.

아들이 전화를 건 이유가 특별한 일이 아니길 바란다. 그냥 안부전화일 수도 있지만 전화를 받지 못해서 못내 아쉽다. 매일매일 통화를 해도 군에 있는 아들의 안부는 항상 궁금한 것이다. 아들이 잘 지내길 바라 본다….

아들의 알찬 속을 발견하다

올해도 식목일에 나무 심는 행사가 여기저기에서 열린다. 얼마 전 강원도 산불이 장시간 지속되어 나무들이 많이 소실되었는데 이번 식목일에 나무가 많이 심어지기를 바란다. 나무가 불에 타면 검게 되고 그 사이사이에서 새로운 생명이 나오는 것은 실로 놀랍다.

약간의 시간적인 여유가 생겨서 산책을 나간다. 평소에 착용하고 있는 마스크는 살짝 내려 본다. 왠지 따스한 햇살이 좋다. 한 걸음 한 걸음 천천히 나아간다. 따스한 날이 참 좋다. 작년 늦가을이었던가? 산책길 옆에 어떤 농부가 마늘을 심고 덮개로 덮어 놓은 것을 보게 된다. 내년 봄경에는 파릇파릇한 싹이 나기를 기대하게 된다. 그 사이 눈이 오고 영하 10도 이하로 떨어지는 날도 있었다. 오늘은 덮어 놓은 덮개는 보이지 않고 파릇파릇한 싹이 보인다. 농부의 노동과 자연의 섭리가 맞아서 싹이 나온 것이다. 지나가는 행인으로서 싹을 보게 되니 행운이다.

작년에도 본 농부인데 오로지 호미로만 밭을 일군다. 풀 하나하나를 손으로 캐낸다. 고랑을 만들고 검은색 비닐로 피복을 마친 듯 보였다. 그 부지런함에 찬사를 보낸다. 올해 씌어 놓은 비닐에 뭐를 심게 될지 기대가 된다.

또다시 발걸음을 재촉하여 산속으로 향한다. 문득 시선은 작년에 보았던 '자리공'이라는 식물로 향한다. 줄기는 붉은 색이고 잎은 녹색이며 열매는 포도 모양의 짙은 자주색이다. 줄기에 수분을 제거하더니 이제는 열매에도 수분을 제거하여 말라 있어 보잘것없이 보인다. 수분이 있는 상태에서 열매를 만지면 금방 손에 보랏빛으로 물이 들 것인데 말라 있어 열매는 금방 바스라진다. 엄지손가락과 집게손가락으로 잡는데 뭔가가 느껴진다. 딱딱한 것이 뭔가 잡힌다. 약간의 광택도 나는 것 같은 씨가 아닌가? 한 열매 내에 3~4개의 씨가 보인다. 정말 겉과 속이 천양지차이다. 겉으로는 말라서 보잘것없는데 속은 새로운 생명을 잉태한 씨가 광택을 내고 있지 않는가? 겉보기에는 전혀 관심이 없고 오로지 생명 그 자체에 충실한 자연을 보게 된다. 누가 뭐라고 하지도 않고 누가 바라보지도 않는데 그 자체의 할 일을 충실히 하고 있었던 것이다. 실로 놀랍고 경이롭게 보인다.

군복무 중인 아들에게서 메일이 온다. 격리 중에 작성한 일기를 다음 주 중에 타이핑을 쳐서 보내어 준다고 한다. 다른 사람 같으면 누구의 간섭이 없는 상황에서 핸드폰으로 여기저기 기웃거리거나 잠을 잘 텐데 아들의 경우는 책을 보거나 지금의 상황을 글로 남겼다고 한다. 겉으로는 약하게 보이나 속이 꽉 찬 아들의 모습이 그려진다. 나름 할 수 있는 것을 찾아서 하는 아들이 대견하다. 누가 시키지 않아도 누구의 간섭이 없어도 스스로 가치를 찾아 움직이는 아들인 것이다. 그저 건강하게 제대를 하였으면 더 바랄 것이 없겠다고 생각을 하는데 그중에서도 뭔가 가치를 찾아서 하려는 아들이 자랑스럽다.

강원도 양구 산불과 핸드폰 고장

21세기 들어서 유난히 지구촌의 자연재해가 많다. 미국의 경우는 홍수가 나서 피해를 입기도 하고, 호주의 경우는 산불이 나서 엄청난 면적을 태우는 재해가 일어나고 있다. 과학자의 말에 의하면 매년 북극의 얼음이 녹으면서 해수면이 높아지고 있고, 얼음 속에서 동면하고 있던 각종 미생물이 부활되면서 어떤 결과가 초래될지는 상상 이상일 수도 있다고 한다.

산업혁명이 유럽에서 시작되었는데 석탄을 채취하여 에너지원으로 사용하고 석유와 천연가스도 마찬가지이다. 이 과정에서 지구의 온도는 점점 상승을 하면서 여기저기서 재해가 일어나고 있는 것이다. 급격한 기후변화로 인해서 세계 각국에서는 의정서를 맺기도 하지만 선진국의 경우는 이미 산업을 발전시켜 부자의 나라가 되었지만 후진국의 경우는 앞으로 산업을 발전시켜야 하는데 의정서를 믿고 산업발전을 뒤로 미룰 수 없는 상황으로 각국의 이해가 서로 엇갈리는 경우가 있는 것으로 보인다.

우리나라에서도 소나무 군락지에서 소나무가 고사하는 사건이 일어나고 봄, 여름, 가을, 겨울이 구분되며 계절별로 특색이 뚜렷한 자연의 혜택을 누렸는데 요즈음은 겨울이 지나면 불과 얼마 지나지 않아 더운 날씨로 변하곤 한다. 기후변화 전문가의 말에 의하면 여름과 겨울만 있는 날씨로 변할 수 있다고 한다. 인류도 자연의 변화에 따라 적응을 하여야 하겠지만 너무나 변하는 속도가 빨라서 당황스럽기까지 하다.

　올봄에 강원도에서 산불이 나서 엄청난 피해를 입었는데 다행히 소방당국의 헌신적인 노력으로 진화를 하였다고 한다. 이번엔 강원도 양구와 경상북도 군위에서 산불이 났다는 뉴스를 접하게 된다. 강원도 양구이면 아들이 군복무 중인 인제와는 인접한 곳이라고 알고 있는데 무사한지 약간의 걱정이 되기도 한다. 지난번 강원도 산불이 발생할 때에는 군 내부의 살수차를 이용하여 산불 진화에 도움을 주었다고 들었는데 이번에도 출동을 하였는지는 모른다. 다행스럽게 소방당국의 노력으로 산불이 진화가 되었다는 소식은 언론을 통해 들었다.
　다른 때 같으면 이런저런 소식을 아들로부터 들었을 텐데 아들의 핸드폰이 고장이 나고 연락이 없다. 수리를 맡기기 전에는 간간이 통화 정도는 되었는데 지금은 수리 중인지 아들로부터 연락이 없다. 약 2주 전에 콜렉트콜로 전화가 왔었는데 나의 핸드폰이 진동모드로 되어 있어서 전화를 받질 못했다. 아들의 소식이 궁금하다.

　요즈음 정부에서 안보측면에서 강대강 모드로 취하는 분위기로 보이는데 군에 아들을 보낸 입장에서 약간의 긴장이 되는 것은 숨길 수가 없다. 아들이 제대하기 전과 제대를 한 후라도 평화가 지속되기를 기대해 본다.

3주 만에 걸려 온 아들의 전화

아들의 안부가 궁금하다. 하지만 아들의 핸드폰이 수리 중이라 연락이 되지 않는다. 아들이 군에 가 있으니 연락이 되지 않는 것은 당연한 것이지만 핸드폰으로 가끔 연락을 하다가 약 3주간은 연락이 없어 무척이나 아들의 안부가 궁금하다. 핸드폰을 수리한다고 하는데 1주일이면 되지 않을까 싶은데 3주나 되어서 그렇다. 군이라고 하지만 사회에서 수리 기간의 2배라고 해도 2주면 될 텐데 3주나 되어 간다.

별일이야 없겠지만 군이라는 특수성을 감안하여 안심이 되지 않는 것이 사실이다. 군에서 만든 밴드에도 들어가 보고 혹시 아들이 신병 때 도움을 준 선임이 있는데 연락처를 찾아본다. 다행이 이** 선임 연락처가 있다. 혹시나 해서 문자를 보내어 본다. 결례가 되지 않는다면 아들에게 이야기를 해서 콜렉트콜로 전화라도 할 수 있는지 부탁을 한다.

오후에 아들의 선임에게서 전화가 온다. 본인은 제대를 하여 아들의 부대에 연락을 하여 전화를 하도록 하겠다고 한다. 제대를 한 줄 모르고 연락을 하여 미안하다고 하고 전화를 끊는다. 1시간여가 지났을까 아들의 다른 동료의 핸드폰으로 전화가 온다. 아들의 목소리가 들린다. 반갑다. 아들의 입장에서는 동료로부터 연락을 받으니 약간은 당혹스럽기도 하겠지만 안부를 확인하여 정말이지 고맙다. 전화 내용은 핸드폰 요금제를 변경하겠다고 한다. 군 생활에서 스트레스를 받을까 봐 무제한 요금제를 해 주었는데 이제는 데이터 사용을 줄이겠다고 한다.

조금 더 보람된 시간을 보내기 위해 이런 결정을 하였다고 한다. 전화 내용보다는 아들의 목소리를 들으니 그나마 안심이다. 아들이 군에 가 있고 현재의 계급이 상병인데 3주간 연락이 없다고 마음이 졸이는 것은 뭘까? 훈련병도 지나고 신병 시절도 지났는데 내가 너무 예민한 것인가? 군에 아들을 보낸 많은 부모님들의 마음이 이러지 않을까?

잠시 나의 군 생활이 생각난다. 일반 군도 아닌 해병대에 입대를 하였는데 어머니는 걱정을 한다는 내색을 단 한 번도 하신 적이 없다. 어머니 혼자서 면회를 갈 수도 없는 입장이고 우편을 보낼 수 있는 입장도 아니셨던 시절이다. 지금 아들이 군에 가 있으니 그 당시 어머니 마음의 십분의 일 정도라도 알 것 같다. 그 깊으신 마음을 어떻게 따라갈 수 있을까? 좋은 세상으로 가신 지가 벌써 25년이 지나고 있는데 잊혀지기보다는 더욱더 뚜렷해진다. 표현은 하지 않으셨지만 아들의 안녕을 항상 걱정하셨을 것이다. 건강하게 지내는 것이 어머니의 걱정을 들어 드리는 것이 될 것이다라고 그 당시엔 생각만 하였던 것 같다.

저녁에 아들로부터 카카오톡이 온다. 핸드폰을 잘 수령하였다고 한다. 여러 말보다는 가장 반가운 소식이다. 일요일 저녁 한가한 시간에 아들로부터 전화가 온다. 천금보다도 귀한 아들의 목소리다. 먹는 것과 운동에 대한 이야기며 코로나 확진자가 다시 생겨 면회나 외출에 제약이 있다는 이야기 등 정말이지 반가운 아들의 목소리이다.

어쩌면 국가에서 방역대책이 발표가 된다고 한다. 영업시간이 완전히 해제가 된다고 한다. 마스크는 착용을 하겠지만 일상으로 돌아가는 분위기이다. 현재 하루의 확진자가 10만여 명 수준이라고 한다. 어떤

이는 성급한 결정이라고 하고 어떤 이는 적절하다고 하는데 추이는 지켜봐야 하지만 군 내부에서는 정부의 시책을 따른다고 하면 점점 외출이나 면회 그리고 휴가도 좀 더 자유로워질 것으로 기대해 본다. 이제 아들의 군 생활은 약 6개월 정도가 남았다. 거의 삼분의 일이 남은 것이다. 사회에서의 시간은 금방이지만 군에서의 6개월은 엄청나게 긴 시간임에는 틀림없다. 앞으로 2개월을 상병으로 생활을 하고 나머지 4개월은 병장으로 생활을 하게 될 것이다. 계급의 높고 낮음보다는 항상 안녕을 바란다. 이제는 조금 무디어도 될 텐데 내가 조금은 예민한가 보다. '아들! 이런 아버지를 용서해 다오. 아버지는 항상 네가 염려가 되는 것이 어쩔 수 없구나. 잘 지내거라.'

은행을 까면서 제대 날짜가 당겨지기를

은행나무에는 병충해가 보이지 않는다. 은행잎에서도 벌레를 본 적이 없다. 병충해나 벌레들이 기피하는 어떤 물질이 나와서 그렇다고 한다. 농사를 짓다 보면 진딧물이나 기타 해충이 있을 수 있는데 천연 농약으로 은행을 까서 약 4시간 정도 끓여 주면 은행에서 나온 성분이 해충을 물리친다고 한다. 끓인 물을 식혀서 냉장고에 보관을 하였다가 필요 시 분무기를 이용하여 방제를 하면 효과가 있다고 한다. 천연 농약 중에서는 은행 끓인 물이 가장 효과가 좋다고 하는데 언제 기회가 되면 한 번쯤은 사용을 해 봐야겠다.

은행나무는 다 자랄 경우 높이가 40m 정도까지 자란다고 한다. 몇 년 전에 저층 아파트 앞에 약 30년 이상된 은행나무가 있었는데 가을이 되어 노란색으로 물들면 장관이어서 한참을 바라보았던 기억이 난다. 어떤 학교에서는 은행나무를 교목으로 정하여 학교 정문 앞에 웅장한 모습으로 은행나무가 지키고 있는 경우도 있었던 것 같다. 경기도 양평에는 용문사라는 절이 있는데 이 절에는 수령이 1,000년 이상인 은행나무가 있는데 줄기의 둘레는 14m나 된다고 하고 천연기념물로 지정이 되었다고 한다. 가지가 약 30m 안팎으로 된다고 하니 그 웅장함은 충분히 짐작이 된다. 용문사는 600년대의 진덕여왕 시절의 원효대사와 세웠다고 하는데 은행나무는 신라의 경순왕의 아들인 마의태자가 심었다고 하기도 하고 의상대사가 가지고 있던 지팡이를 꽂았는데 그것이 자랐다는 설도 있는 모양이다. 여하튼 이 은행나무는 용문사의 역사와 같이한다고 해도 과언이 아닐 것이다. 이 나무와 관련된 이야기가 여러 가지 전해지고 있는데 나라의 큰일이 있을 때 나무에서 소리가 났다라는 이야기도 있고 일본군들이 절을 불태울 때도 이 나무만은 불타지 않았다고 하는데 뭔가 영험한 기운이 있는 은행나무가 아닌가 생각된다.

은행나무의 잎 모양은 부채 모양으로 제약회사에서는 혈액순환 개선제의 원료로 사용을 하기도 하여 우리 몸에 유용하게 사용이 되고, 과거엔 은행잎이 가을이 되면 장관이라 은행나무가 가로수로 많이 사용을 하는 등 쓰임새가 많은 나무임에는 틀림이 없다. 은행나무는 암수가 별도로 있어서 열매를 맺는 나무의 경우는 은행열매가 보도에 떨어져서 밟거나 하여 부서지면 냄새가 심하고 보도블록에 흔적을 남기는 등 새로운 가로수를 찾기도 한다.

　지난 가을에 지인으로부터 은행을 얻게 된다. 시간이 있을 때마다 도구를 이용하여 은행을 까게 된다. 도구에 지나친 힘을 가할 경우엔 속의 씨가 상처를 입거나 씨가 말랐을 경우는 가루가 나기 때문에 적절한 힘 조절이 필요하다. 은행을 까는데 어느새 100개 이상까지 까게 된다. 군과 관련한 '더 캠프'라는 앱이 있다. 로그인을 하게 되면 해당 군인의 전역일이 표기가 되어 있고 며칠이 남았는지도 같이 기록이 되어 있다. 은행 하나를 까면서 제대를 하루하루 기다릴 아들을 생각하게 된다. 은행 한 개를 까는 데는 불과 몇 초가 걸리지는 않지만 '더 캠프' 앱에서 하루가 지나려면 24시간이 지나야 하는데 하루하루 줄어드는 시간들이 느리게 느껴질 아들은 어떻게 지내는지 궁금해진다. 지난번 6월 말에서 7월 초에 휴가를 신청하였다고 한다. 아직 결정이 나지는 않은 것 같다. 지금이 5월 말이니 휴가를 나올 즈음엔 은행을 까면 남은 은행이 줄어들 듯이 날짜가 30일만큼은 줄어들 것이다. 어쩌면 오늘 저녁에도 아들을 생각하면서 은행을 깔 수도 있을 것 같다. 아직 남아 있는 은행은 한 바구니 정도인데 아들이 제대하기 전에 은행 모두를 깔 것 같다. 남아 있는 은행의 숫자가 줄어들수록 아들의 남은 군 생활의 날짜가 줄어들기를 기대해 보면서 하루하루 무사하고 건강하게 지내길 바란다.

글을 마무리하며

〈아들을 군대에 보내다〉를 마무리를 하고자 한다. 아들은 2020년 신체검사 통지서를 받고 신체검사를 받게 된다. 몸이 약하여 군면제를 기대하였는데 입영을 하라고 한다. 그래도 혹시나 해서 정밀 신체검사를 대구에서 받기로 하고 대구로 향한다. 재검 결과 다시 3급이 나왔다고 한다. "3급이면 어떻게 되니?"라고 아들에게 질문을 하였는데 "3급까지 입대를 해야 한다"라고 한다.

얼마 지나지 않아 입영통지서가 오게 되고 다니던 대학교에는 휴학 신청을 하고 아들은 논산훈련소로 입대를 하게 된다. 훈련소로 들어가는 모습을 담담한 마음으로 아들을 들여보내는데 그때까진 느낄 틈도 없었다. 집으로 돌아온 후 며칠이 지났을까 군에서 소포가 온다. 아들이 입고 갔던 옷과 신발 그리고 가방이 박스에 담겨져서 온다. 분명히 아들의 옷이 맞다.

'드디어 아들이 군엘 갔구나'를 실감한다. 코로나 19로 인해 식사와 나머지 생활들은 어떻게 하는지 궁금하게 되고, 평상시에는 훈련소 훈련을 마칠 즈음에는 부모님들을 초대해서 늠름한 아들들의 모습을 확인하는 의식이 있었다고 하는데 지금의 상황에서는 수료식은 생략한다고 한다. 아들을 볼 수 있는 기회가 사라져서 아쉽다. 훈련소 훈련을 마치고 아들이 자대에 배치를 받게 되는데 무사히 지내는지 연락이 없어 애를 태웠던 기억이 난다. 하루이틀 사이에 콜렉트콜로 아들로부터 연락을 받는다. 다행이다. 자대안착에 성공을 한 것이다.

이제 자리를 잡았으니 사회에서 사용하던 핸드폰을 자대로 보내게 된다. 이제는 카카오톡이든 전화든 아들이 시간이 되면 연락을 받을 수 있어 다행이다.

아들이 입대를 하는 모습과 군 생활 중에 나눈 편지와 전화통화를 하면서 아들의 안녕을 확인하는 과정 및 휴가 중에 같이 보냈던 기억들을 글로 남겨서 군대를 제대하는 순간에 수고한 아들 민수에게 기억에 남을 선물이 되었으면 한다. 글의 제목을 고민하다가 '아들을 군대에 보내다'라고 결정하고 아들이 건강하게 잘 지내기를 바라면서 글을 마무리하고 군대에 아들을 보내는 대한민국의 모든 부모님들에게 조금이라도 위안이 되고 공감이 되는 이야기가 되기를 바라며 군에 간 모든 아들들이 무사히 제대하기를 바랍니다.

대한민국의 모든 국군장병 여러분들이 나라를 잘 지켜 주어서 국민들은 안심하고 일상생활을 하고 있음에 감사를 드리며 나라를 위해 매일매일 수고로움에 고개를 숙입니다. 이 글이 완성되기까지 곁에서 큰 힘이 되어 준 아내 홍성희와 큰딸 수연이, 작은딸 예지에게 고맙게 생각하고, 하늘 저 먼 곳에 계시면서 아들이 잘되기를 바라시는 부모님과 물심양면으로 도움을 많이 주시는 장인어른 장모님께 감사를 드립니다. 아들이 무사히 군복무를 할 수 있도록 많은 배려와 신경을 써 주신 강원도 인제의 화**부대장님께 감사하고 이 책의 출간에 힘써 주신 지식과감성# 출판사 장길수 대표님과 교정을 정성껏 하여 주신 서은영 님, 표지의 디자인을 멋지게 하여 주신 김찬휘 님께 감사를 드리며 저를 아는 모든 분들과도 함께 이 기쁨을 나누고자 합니다.

2022년 가을의 문턱 어느 날에
군복무 중인 아들을 생각하면서